김영옥만다라
'리더' 꿈 분석 실제

― 자기분석 · 자기성공 · 자기경영 ―

글·그림 김영옥

마음숲

CONTENTS

들어가기   04

I. 통합만다라 자기 꿈 분석   07
1. 꿈은 한 순간에 이뤄질까?   08
2. 꿈을 향한 자기분석이란?   09
3. 꿈 분석 통합만다라 1강~7강   13

II. 현실에서 일어나는 자기분석   35
1. 생활에서 느껴보는 자기표현   36
2. 환경으로부터 오는 자기표현   38
3. 사회 이슈로 느껴보는 자기표현   39
4. 새로운 환경이 되는 마그마숲의 이슈! 2020년도는 1인 통합경영시대를 향한 도전!   40

III. 통합 꿈 분석 1인 경영시대를 열다.   45
1. 경영하는 소통   46
2. 세상분석과 대중소통   49
3. 자기표현 기준   52
4. 1인 경영활동 및 비전   53

IV. 세상분석을 향한 도전!   59
1. 자기전략 통찰의 힘!   61
2. 통합경영과의 힘   64

V. 리더들의 어려움을 꿈 분석으로 풀다   69
1. 리더의 자동적 성장은 정상적인 삶   71
2. 리더의 수동적 성장은 퇴행적인 삶   72

VI 꿈 분석의 본질	77
1. 꿈의 세계는?	78
2. 꿈 속의 신비	79

VII 성공의 욕구는 어디까지?	85
1. 태어나서 오늘까지	86
2. 태어나기 전부터 죽고 나서까지	87

VIII 꿈 분석으로부터 행복한 CEO까지	91
1. 마그마숲에서 즐기는 꿈 분석의 묘미	92
2. 세상 사람들 성공할 수 있는 컨텐츠 나눔	94

IX 미래를 통찰하며 낭비 없는 삶을 나누며 살아보기	99
1. 행복한 미래	100
2. 꽉 찬 미래	101
3. 벅찬 미래	102
4. 김영옥 자기완성 '리더' 꿈 분석 실제	107

X 꿈 1막 열기	109

XI 꿈 2막 열기	137

XII 꿈 3막 열기	169

XIII 마그마힐링이란?	252
※김영옥만다라 꿈 분석에서 – 배상희	258

들어가기

 2019년 12월에 『M분석심리 실제』를 출간하면서 지도자가 꿈꾸고 바라던 이론적 부분이 어느 정도 해결된 듯 기분이 좋았다. 그런데 곧 바로 틈을 주지 않고 『김영옥만다라 '리더' 꿈 분석 실제』 자기분석, 자기성공, 자기경영 이란 주제로 글을 쓰기 시작했다. 예전에 첫 작품전을 하고 곧 바로 쉬지 않고 또 작업에 들어가듯, 이번에도 역시 그 기분을 느낀다. 특이한 점은 세상에 많은 일을 하게 될 것 같은 예감이다. 한 줄 한 줄 써 내려갈 때마다 작품이 완성될 때 느끼는 감동이랄까? 예상치 못한 환희 같은 것이다. 이것은 분명! 또 다른 창조의 큰 씨앗이 아닐까? 아니면 또 다른 변화의 큰 움직임? 아무튼 괜찮은 출발이다. 언제나 그랬듯이 지속적으로 감정을 다루는 워크북이나 활용되는 책을 낸다는 것은 당연히 좋은 것이다. 하지만 이렇게 엄청난 속도로 현실과 소통되리라는 것은 날이 갈수록 통합된 만다라의 위력이 아닐까 생각해 본다. 만다라에서 움직이는 전체 에너지가 현실 속으로 파고들면서 부분과 접촉하는 빠른 속도도 긴장이 감지되기도 한다.

 지난 2019년도 한해 마무리에 앞서서 70여명의 M분석가들이 빠르게 배출되었다. 이 분석가들은 속도를 내어 전국적으로 마그마힐링지도자 3, 2, 1급

과정을 열게 되었고, 또 마그마숲에서 해왔던 다양한 치유 프로그램도 보급 확대했다. 이미 몇 년 전부터 조금씩 더디게 활용되어 왔지만 최근에는 더욱 빨라지고 있다. 마그마힐링 3급 지도자들이 각 기관으로 가볍게 보조 활동과 지도역할에 무리 없이 치유과정을 돕고 있다.

마그마힐링 보급 7년의 역사를 가지고 앞으로 더 다양한 곳까지 스며 들 것이다. 이에 연구 활동은 멈출 수 없고 다양한 사람들의 마음을 이해하고 성장에 목표를 두어 만다라의 깊고 넓은 에너지를 현실에서도 확대되어야 하겠다. 그래서 마그마숲은 끊임없는 변신과 세상 사람들을 지켜내는데 최선을 다하고자 "몽이 소통 행운의 공간"이 열렸다.

『김영옥만다라의 길』
『김영옥만다라 입문』
『만다라상담심리 기법』
『분석심리로 가는 길』
『만다라 꿈 분석』
『M분석심리 실제』

이 길은 세상을 여는 마그마숲 지도자과정과 또 현장에서 마그마힐링 프로그램을 임상 보급되는 과정에 정리되면서 만다라 심리이론이 드러났다. 이렇게 결과물이 드러나면서 거대한 무의식세계 김영옥만다라 치유이론과 치유워크북들이 세상으로 뻗고 있다. 앞으로 세상 사람들을 위해 가볍게 도전할 수 있는 길이 되기 위해『김영옥만다라 '리더' 꿈 분석 실제』란 주제를 가지고 또 한발 나아간다.

자! 이제 어떻게 하면 자기성장을 위해 워크북으로 꿈을 이루고, 모두가 만족하는 리더로서 더 튼튼한 경영을 하며 잘 살아갈 수 있는지는 지금 꿈 분석에서 시작된다.

I

통합만다라 자기 꿈 분석

-김영옥만다라 꿈 분석과 워크북배경-

I
통합만다라 자기 꿈 분석
-김영옥만다라 꿈 분석과 워크북배경-

김영옥만다라 작품 감상에서 얻을 수 있는 에너지?
 ※자기생활 집중-산만한 곳에 시간을 소비하지 않는다.
 ※자기내면 몰입-자기의 삶을 진솔하게 지켜나간다.
 ※자기현실 창조-자기 꿈을 이루고 삶의 질을 높인다.

김영옥만다라 워크북 분석에서 얻을 수 있는 에너지?
 ※정신적 분석-자기를 알아가고 자기를 놓치지 않으면서 속도가 붙어 자기 삶이 확대로 나아간다.
 ※정신적 통찰-자기로부터 확대된 삶이 타인으로부터 전해져오는 에너지가 크고, 자기영역이 순간적으로도 느낄 만큼 활동 범위가 넓어진다.
 ※정신적 통합-어떤 위기에서도 흔들리지 않는 중심에너지가 있어 순간적 큰 변화의 일을 도모하여 자신과 세상을 지켜나간다.

1. 꿈은 한 순간에 이뤄질까?
 "꿈은 한 순간에 이뤄질 수 있다." 라고 말하고 싶다.

단!
어느 누구에게도 구애받음이 없고
어느 곳에서도 매이지 않아야 한다.

꿈을 이뤄 성공하기 위해 자기분석으로 집중될 때는 몇 가지 주의사항이 있다. 일상생활을 하는 사람들로부터 시간을 빼앗기는 것을 막아야 한다. 특히 병 간호, 경조사, 모임, 회식, 여행 등이다.

- 가족
- 동료
- 친구
- 애인

자기분석 실제 과정을 6개월로 잡고 체험, 변화되게 한다. 자기분석에서 주위사항은 이 기간에 돈에 얽매이지 않도록 해야 걱정과 불안한 경제적인 상태에서 벗어나 스스로 만족한다. 그리고 주변사람들 중 좋아하는 사람이든 미워하는 사람이든 어느 누구에게도 마음쓰는 시간을 줄여야 하고, 어떤 사건, 고통스런 일에서도 피하고 지나치게 흥분하지 않는 것이 좋다. 과정중 무의식워크북에 드러나지 않는 다른 생뚱맞은 일상 이야기는 하지 말아야 한다. 오롯이 자기 성장에만, 그리고 현재 일어나는 정서와 계획에 집중하여 분석되는 과정 그대로 보고 온전히 에너지를 지켜야 한다. 특히 집단통합분석이 이뤄지는 과정은 자기 꿈이 현실로 드러나 완성되는 순간이기에 사사로운 생활이야기는 오히려 성공을 막을 수 있고, 또 삶의 시간이 늦어질 수 있다.

2. 꿈을 향한 자기분석이란?

- ● 꿈을 통해 자기로 살기

- 꿈의 무의식을 경험하고 상징을 찾아 즐기기
● 꿈을 통해 자기로 성공하기
- 꿈의 상징을 성장 발달시켜 늘 하고자 하는 일에 투입하기
● 꿈을 통해 자기로 자유로워지기
- 꿈의 결과물로 새로운 것에 도전하여 정신적으로 해방시키기

1) 자기 꿈 분석

※의식의 집착이 없어 정서적으로 편안함
※문제를 문제로 접근하지 않고 해결점을 찾아 핵심을 앎
※결과물에 대한 완성도가 높아 자신감을 갖게 됨

● 1차 꿈 열기
생활 속에 생각이 복잡하여 막연한 행운이 올 것 같은 기대를 갖는 상태

※오늘의 운세-눈 뜨면 검색하는 습관이 되면 무기력한 자신이 요행을 바라는 정신
※점보는 습관-현실에서 느끼며 살아가는 삶의 기초에너지가 없어 주위를 믿지 못하는 정신
※꿈 해몽-일시적으로 행운을 맛보려고 자신이 과소평가 되는 정신

● 2차 꿈 기록
자기 삶에 느낌을 가지고 생활을 정리하며 행운을 기대하는 상태

※꿈을 기억하려는 습관-현 생활에 힘든 자신에게 흔들리지 않도록 중심을 잡고 다지는 정신
※꿈을 적고 그려내는 습관-부족한 자신에게 뜻 하지 않는 행운을 기대하

면서 지신이 삶을 즐기려는 정신
※꿈을 만다라로 표현하는 습관-매일 매일 안전하게 자기를 점검하며 삶을 충실하게 열어가려는 정신

● 3차 꿈 분석
꿈을 꾼 상징적 의미를 알고 직접 생활에서도 그 감정을 조절해 행운으로 돌리는 상태

※조력자를 찾아 꿈 이야기를 하는 습관-삶속에 리더로서 자기생활을 기대하며 행운보다 능력을 기르는 정신
※조력자로부터 꿈 분석을 받는 습관-자기 능력을 높은 수준으로 발휘하려는 정신
※조력자로부터 꿈 통찰을 하는 습관-리더로서 충족되는 에너지를 채우고 주변으로 나눠가는 정신

● 4차 통찰로 꿈 분석
무의식의 본질인 꿈을 통해 자기를 완성하고 통합된 자기로 살아가면서 모든 이들에게 행운을 나누려는 상태

※꿈 분석 통찰로 스스로 만다라를 완성 하는 습관-자기를 통해 주변 확대의 삶으로 전환하고자 하는 정신
※꿈 분석으로 만다라 작품으로 완성하려는 습관-자기를 최대로 활용해 집단 속에서도 끊임없는 에너지를 끌어내는 정신
※꿈 분석을 통해 만다라작품전을 시도하려는 습관-자기로부터 집단생활 속에서도 일자리 창출에 돕는 정신

● 5차 통합으로 꿈 분석
모든 영역으로부터 자유롭게 소통될 수 있도록 한 맞춤형 교육 자료로 즉

각 활용될 수 있도록 해 집단을 돕고 에너지를 끌어내는 상태

※현실을 꿈으로 바꿔가는 과정-개인분석통합, 집단분석통합으로 자기를 만다라로 통합된 정신
※현실에서 꿈이 성취되는 과정-힘들게 매이지 않고, 감정이 불편하지 않는 창조적 정신
※꿈으로부터 현실이 존재하는 과정-소중하지 않았던 때가 없었던 것처럼 지금 이 순간을 나누며 즐기는 정신

2) 세상분석을 통한 자기 꿈 분석 비전
첫발-계획-통합-실천-자기 꿈 분석에 앞서서

자기가 현재 생각하고, 계획하고자 하는 것을 파악하여 만다라 꿈 분석을 통해 성장·확대 그리고 미래를 연다.

- ◆빼앗긴 감정회복-지금 현실적으로 빼앗기는 감정을 찾아 순간 내적 에너지를 끌어 올린다.
- ◆나를 통해 과거 탐방-10세, 20세, 30세, 40세, 50세, 60세… 지난 감정 풀어낸다.
- ◆나의 하루 시작과 끝-매일 일어나는 긍정의 힘이 앞으로 현실통합을 위해 어떻게 소통되고, 어떻게 작용하는지 이해한다.
- ◆나를 위한 리더의 시간-무의식 꿈 이야기를 통해 여유로운 시각으로 변화를 살펴 전략을 짜낸다.
- ◆나 비전 만들기-과거 자기평가에서 지금 현재로부터 보이는 변화 체크 그리고 미래비전 단계 세우기

3. 꿈 분석 통합만다라

1강 꿈 분석 첫 발

1) 긍정적 사고로 꿈 분석 이해하기
- 자기혁신과 자기성장에 초점
- 주변과의 소통에서 주요 포인트를 잡고 내용 흐름 파악
- 시대적 변화에 맞는 통합된 사고로 확장된 삶
- 건강한 행동과 언어 순환으로 질 높은 감동
- 나답게 살아가는 모습이 현실에서 발견 되는 진솔함

2) 꿈 분석의 의미
　최고의 가치로 자기에게 인정받고 존재가치를 충분히 느끼며 확대되는 생활이야기로 행복을 나눈다.

◆ 꿈과 꿈의 소통
- 인생의 목표와 알 수 없는 무의식의 꿈이 소통될 때다.
- 내가 생각해 오던 것이 나로부터 확고한 의미가 있어질 때다.
- 나 아닌 주변으로부터 자신이 해온 일들이 증명되어 드러날 때다.

◆ 꿈을 꾸어 마음먹은 대로 소통
- 평소 생각대로 추진 해볼 때다.
- 평소 느낌대로 살아볼 때다.
- 평소 행동하는 대로 멋 부려 볼 때다.

◆ 꿈을 꾸어 나 생활을 예술로 소통
- 문제를 예술로 풀어 볼 때다.
- 부정을 예술로 바꿔가볼 때다.

- 삶을 예술로 느껴볼 때다.

◆ 꿈이 실제로 생각하여 실패해보는 삶으로 소통
- 실수는 행운을 가져다 줄 수 있는 밑거름이다.
- 잊어버린다는 것은 새로운 것을 더 안다는 것이다.
- 마무리를 못 하고 피해버릴 때는 통쾌함으로 전환된다는 것이다.

3) 꿈으로부터 오는 성공!

◆ 꿈과 뇌?

꿈 분석으로 힘들어하는 모든 것이 한순간 해결된다면 모두가 꿈에 도전할 것이다. 오늘날 마그마숲이 존재하게 된 것은 김영옥만다라 꿈 분석과정을 통해서 생겨났다. 마그마숲에서 마그마힐링 프로그램도, 마그마힐링 워크북도 꿈을 통해 완성되었다. 이 사실들은 출간해온 책으로부터 증명이 된다. 꿈을 통해 무의식세계를 연 무한한 영역이 의식의 한계에서 순간 벗어나게 했다. 이렇게 꿈을 이야기하고 상징을 분석하게 되는 과정은 우리의 뇌를 한계없도록 한다. 그래서 사람들은 꿈을 꾸는 것도 자유롭고 꿈을 이뤄가는 것도 자유롭다.

- 자기로부터 고민하지 않는 세상을 꿈으로부터 확인한다.

- 자기로부터 걱정하지 않는 세상을 꿈으로부터 이야기하며 확인한다.

- 자기로부터 불안하지 않은 세상을 꿈분석으로부터 확인하고 힘을 얻는다.

- 자기로부터 절망하지 않는 세상을 꿈분석 실제로 살아간다.

• 자기로부터 두려워하지 않는 세상을 꿈꾸며 살아간다.

4) 꿈 분석을 통해 1인 경영자 성공 확장시대를 열다.

이제는 그냥 기존대로 살아 갈 수 없는 급변한 인공지능에 맡겨야 할 상태! 모든 것이 속도가 붙고 흐름이 빨라졌다. 앞으로도 더하면 더 했지 덜하진 않다. 그에 대비책으로 마그마숲은 또 다른 새로운 길을 모색해 다양한 방법으로 속도를 낸다.

마그마숲과 함께 자신을 꿈으로 표현하고, 꿈으로 분석하고, 꿈으로 성공을 연다. 그리고 현대인들 중 꿈으로부터 만다라로 자기통합에 힘쓰는 자와 함께 만난다. 꿈을 통해 자신의 멋스러운 모습을 알고, 자유롭고, 자기를 확장하며 살아가게 한다. 요즘은 젊은이 못지않게 다시 시작되는 제2의 인생을 여는 층도 늘어나 1인 경영시대도 활발하다. 그리고 이제는 복잡함보다는 단순하게 소통 될 수 있도록 기능적으로도 발달되지 않으면 안된다. 꿈을 꾸고, 기억하고, 그리고 쓰고, 색칠로도 의식의 삶을 정리해낼 수 있다. 이렇게 하기 힘든 사람들이 많고 경험해보지 못한 사람들은 복잡하게 생각할 수도 있겠지만 꿈을 통해 의식의 집착을 끊는 효과도 있다.

마그마숲은 자기통합 꿈 분석으로 1인 경영자 학교를 연다. 1학기~ 4학기로 졸업 가능하며 '마그마숲MBA학교' 경영자 미래가 있는 오늘!
속도있게 과정을 밟고 생산해 내는 것에 목적을 둔다.

2강 집중 꿈 분석으로 자기혁신

꿈을 꾸고
꿈을 기억하고

꿈을 분석하여
그 느낌으로 만다라로 드러내 에너지가 되어
자신이 생각지도 못했던 것을 이뤄내고
또 다시 통합된 혁신으로 안정되게 성공시킨다면 어떤 기쁨일까?

자기혁신에 앞서서
◆즉각반응-새로운 에너지를 찾는 데 낭비 없는 마음에 보탬이 된다.
◆속전속결-갈등 없이 나아가는 관계에서 희망을 빨리 맞이한다.
◆신속정확-집중과 몰입된 자기 꿈의 에너지를 놓치지 않고 통합해 완성을 맛본다.
◆일촉즉발-순간 모면, 위기탈출을 할 수 있고 찰라를 체험한다.
◆금상첨화-완성되었던 것이 더욱 더 빛나는 상태로 삶을 누린다.

1)자기변신의 의미
우리는 쉽게 "꿈을 찾아라~"라고 하면
당신은 어떤 반응을 할까?

※화가 난다.
※그냥 그렇다.
※모르겠다.
※설렌다.

이 네 가지 중 어느 것을 선택하더라도 모두 다 괜찮다. 단지 출발지점이 다를 뿐 자기 변신에 대한 과정은 같다. 자기 변신에는 여러 가지 방법들이 있겠다. 사사롭게 기분을 바꿀 경우 옷을 사입고 몸을 가꾼다. 그리고 자기가 생각하는 좋은 사람이 되고 싶을 때는 지식을 쌓고, 돈을 저축하고, 재산을 축적할 수도 있다. 이렇게 자신이 변신하고 싶을 때는 또 다르게 환경적으로도 바꾼다. 여러 모임에 참석하거나, 종교에 자신을 맡겨보거나 이민을 가기도 한다. 이렇게 해도 변화의 기쁨을 찾지 못하고 별 다른 느낌이 없을 경우에는 많은 이들이 부정적 쾌락에 빠져 불행한 삶이 되기도 한다.

획기적인 것이 있다면 당신은 어떤 반응을 할까?

누군가에게 만다라 꿈 분석을 권유 받아본다면 어떨까?

※아예 반응 없이 무시 한다.
※꿈 해몽처럼 가볍게 생각한다.
※호기심이 발동되기도 하여 꿈을 바로 기억한다.
※궁금한 것을 물어보고 차분하게 순서대로 대응한다.
이 또한 어떻게 반응해도 괜찮다. 단 자기 변신에 대한 속도가 다를 뿐 변신은 모두 다 가능하다.

◆자기 안에 생각하는 것에서만 최선을 다해 바꾸려는 것은?
여전히 새로운 것보다 자기가 경험된 것에서 변신하려는 욕구가 강하다. 그래서 과거 틀에 의해 자신을 쉽게 변신하는 것에 부담도 느끼고 무게로 힘들어 한다.

2)자기혁신의 의미
주변 누구에게나 "꿈을 꾼 이야기를 해봐라~"라고 하면 모두 다 싫어하는 사람은 없다. 왜 그럴까?

남으로부터 자기 이야기로 관심받는다는 것일까?
당신의 반응은 어떤지 살펴보자.

※신난다.
※그저 그렇다.

※좋은 꿈이면 좋겠다.
※두렵다.

이 또한 어떤 반응이어도 괜찮다. 다만 꿈의 깊이에 따라 꿈 분석 통찰로 균형 잡히고 조절되기 때문이다. 자기 변신이나 혁신은 그냥 되는 것이 아니다. 만다라 꿈 분석과 과거에 대한 미련과 후회가 없고 현재 그 자리에서 자기에게 몰입해 들어갈 수 있다면 혁신은 쉽게 가능하다. 늘 하는 말이지만 생활 속에서 마음먹고 생각하는 그대로 잘 된다면 살기 좋은 세상이 된다. 하지만 세상은 자기와 다른 생각을 하며 살아가는 사람들이 많다보니 자기 뜻대로 살아가는 것이 매우 어렵다. 그렇다고 고통을 동반하면서 상처의 무게로 포기하면서 힘들게 살아가기엔 너무 부정적 삶이 된다.

꿈은 자기를 변화시키고 혁신하기에 가장 좋은 에너지다.

꿈을 기억하는 것은 무의식을 여는 소통 도구로써 현재 많은 여유를 준다.
꿈을 이야기하며 감정을 느끼고 생활 속에서 나눌 경우 스스로 하고 있는 일에 자신감도 생기고 만족스런 속도가 난다.
꿈을 기록하고 분석될 경우 자기로부터 함께 마음을 여는 생활이 새로운 자기의 길을 창조해 걷는다.
꿈을 그리고 색칠하여 만다라로 완성될 경우 자기로부터 쌓아둔 결과물이 많은 사람들과 소통하여 일을 도모한다.
꿈을 통합만다라로 드러내 작품으로 탄생될 경우 하는 일마다 탄력 받아 세상으로 나눈다.
꿈은 무한한 자기에너지다.

꿈이 만다라로 표현된다면 자기가 생각하고 말하는 대로 모두 다 이뤄진다. 특히 김영옥통합 만다라 워크북은 생동하는 만다라이기에 곧 바로 자기의 꿈을 만날 수 있다. 7년 동안 무의식 통합만다라로 임상하여 실제 자신을 통찰하여왔기에 그 길은 누구보다도 믿을 수 있다. 꿈을 꾸고, 꿈을 나누고, 꿈을 분석하고, 꿈을 색칠하며, 꿈을 이루는 만다라로. 또 꿈이 실현된 마그마숲이 지금은 세상 사람들 가까이에서 활발히 움직이고 있다. 꿈으로 표현되지 않는 것은 없다. 현실에서 할 수 없고, 현실에서 느낄 수 없는 것이 꿈으로 모두 다 드러난다. 생각만 해도 의식의 한계를 쉽게 넘을 수 있어 바쁜 현대인에게는 좋은 소식이다. 꿈이 주는 풍요로움은 삶에서도 질높은 흥분이 된다.

빡빡한 일상생활을 하는 이들에게 꿈을 이야기로 자기 마음을 나눌 수 있다면 일상 스트레스를 푸는 시간도 되지만 자기완성도 가능하다.

자기혁신은?
◆자기가 생각해보지 못한 범위에서부터 전체를 바꾸지 않으면 안 되는 것이다.
◆과거에너지로 전혀 예상치 못한 새로운 에너지를 찾아내지 않으면 안 되는 것이다.
◆지금 완성된 에너지를 온전히 내려놓지 않으면 안 되는 것이다.
◆매순간 완성을 향하지 않으면 안 되는 것이다.

3강 초강력으로 핵심소통

세상소통은 다양한 관계에서 강력하게 자신과 맞물려 질서 있게 돌아가는 에너지로 가장 활기를 띤다. 마치 큰 공장에서 생산해 내는 강력한 기계 움직임처럼 관계소통이랄까?

이런 관계를 지켜본다면 당신은 어떤 반응일까?

※거대하다.
※두렵고 위험하다.

※ 재미있다.
※ 싫다.

어떤 대답이라도 괜찮다.

다만 초강력은 오롯이 긍정에서 비롯된다는 것을 이해해야 할 것이다.
- ◆모든 꿈이 분석되어 통찰 에너지로 활용되고 있는 소통
- ◆꿈과 꿈이 연결되어 꿈에 의해 꿈이 강해져 드러나는 소통
- ◆꿈에 드러나는 꿈 상징으로도 현실을 잡도록 하는 소통
- ◆꿈이 거대한 세상처럼 놀라고, 현실에서도 그와 같은 광경이 펼쳐지는 소통

만다라 꿈 분석으로부터 전체를 파악하는 힘! 핵심소통 그리고 초강력 갖추기
- ◆외유내강-흔들리지 않는 중심으로 자기존재를 강력히 드러낸다.
- ◆솔선수범-전체를 보고 관계하는데 기능을 능동적으로 반응해 드러낸다.
- ◆자유자재-동시다발로 위기대처를 위한 여러 방법들이 자유롭고 가볍게 해결해 낸다.
- ◆공명정대-정의로운 활동에 머뭇거림 없이 거대하게 움직이는 모습을 드러낸다.

통합만다라를 이해하게 되면 세상을 이해하게 돼 초강력 에너지로 살아갈 수 있다. 개인적으로 일어나는 모든 생활은 전혀 흔들리지 않는다. 문제에 짧은 시간이라도 스스로 해결이 되고, 큰 일이 벌어져 에너지를 빼앗긴다하더라도 즉각 채워가는 힘이 있다. 그렇다고 개인적인 일과 전체를 보는 공적인 일과 경계를 짓거나 따로 구분해서 생각하고 행동하지는 않는다. 단 밖으로 드러나지 않을 뿐이다.

4강 세상을 분석하는 성공한 사람

성공한 사람은 어떤 사람일까?
시대적 변화에 걸맞는 사고로 자기의 능력을 발휘해 확장되는 삶을 즐기고 나누는 사람일까? 이러한 성공은 누구나 원한다.

당신은 성공하고 싶나?
지금 당신의 반응은 어떨까?

※무조건 성공해야 한다.
※대수롭지 않다.
※포기하고 싶다.
※성공은 기초적인 것이다.

그 어떤 반응도 괜찮다. 단 기대가 어느 선인지 아는 것이 더 중요하기 때문이다. 누구든 쉽게 성공할 수 있다면 기대되는 기준이 높아져 모두다 불행할 것이다.

성공은 이런 것이 아닐까?

- 극복하는 과정!
  - ◆아이가 태어나 일어서고, 걷고, 뛰어 노는 것부터 시작!
  - ◆초등학교 졸업 후 자기가 좋아하는 공부를 하고, 또 더 배우고자 하는 즐거움부터!
  - ◆어느 곳에서든 자기 능력을 발휘하여 그 가치를 인정받아 행복을 맛보는 것부터!
  - ◆부족함을 알고 소통하며 자기영역을 지키며 노력하여 도전을 꿈꾸는 것부터!

성공! 그 다음은 무엇일까?

새로움?
기다림?
미완성?

거절할 수 있는 힘은?
◆작은 일에도 틈을 놓치지 않아 확실한 권리를 찾는다.
◆완성의 의미를 알고 통합된 삶을 찾아 즐긴다.
◆세상의 분위기를 읽고 대처하는 방법을 터득한다.
◆세상을 꿈꾸는 이들에게 힘이 되도록 나눈다.

5강 꿈 분석은 실천의 강력한 힘

『실행이 답이다』이 책은 과거에 베스트셀러가 되었다. 성공적 변화에는 실천이 가장 큰 에너지이기 때문이다. 자기분석을 받는 것도 통합된 만다라로 생활에 큰 힘을 갖추고, 현재 성공하려는 자신을 기대함이 있다. 이에 실천과 행동이 얼마나 중요한지 놓쳐서는 안된다. 특히 꿈 분석은 실천이 강력한 한 수가 된다. 꿈을 분석하여 만다라로 완성되는 통합된 에너지는 곧 바로 현실이 되는 힘이 있다. 꿈 분석을 하고 만다라로 완성되어 통찰로 이어져 통합되는 과정이 생활로 맞물려야 한다. 이 힘이 그대로 현실에 옮겨져야지만 순간적으로 큰 변화에 성공시킨다.

그럼 당신은 꿈 분석의 내용을 이해하고 통찰되면 곧 바로 실천할 수 있을까?

당신에게 질문을 던진다면?

※어이없이 행동한다.
※그냥 받아들이기만 한다.
※곧바로 실천한다.
※생각해보고 서서히 한다.

그 어떤 대답도 괜찮다. 단 반응에 따라 시간이 더 걸릴 뿐이다.

점쟁이와 꿈 분석가의 차이?

이 이야기는 누구나 관심을 갖게 된다.
일단 점쟁이를 찾아가는 것과 분석가를 찾아가는 것과는 많이 다르다. 하지만 자기가 잘되기 위해서 찾아가는 것은 똑 같다. 한 사람이 점쟁이를 찾아가기도 하고, 분석가를 찾아갔다고 해보자. 점쟁이는 근거 없는 내용으로 귀신을 쫓는다며 굿을 권하기도 하고 또 부적을 써 주며 미신을 믿고 따르는 방법을 알려준다. 하지만 만다라 꿈 분석은 본인이 꾸어온 꿈을 자기가 생각나는 대로 그리고, 적고. 색칠하면서 꿈에 대한 상징을 파악하고자 생각도 하고 감정도 건드려진다. 이것은 이미 자기로부터 에너지가 발휘되도록 한 것이기에 서로 다르다.

꿈 상징 분석은 미해결된 감정을 찾아 상징으로 드러내 의식으로 통찰되기까지 무의식에 더 이상 머물지 않도록 만다라로 완성하게 한다. 그 후 생활과 연계되는 것에 불편한 문제가 있을시 분석의 결과에 따라 조언하거나 만다라를 보고 힘이 올라오면 실천하도록 돕는다.

점의 본질
◆허황된 것에 의존적으로 길들이게 하는 습관
◆자기가 아닌 타인의 정리 안 된 행동을 믿고 따르게 하는 습관
◆미풍양속을 이용하여 일확천금을 노리며 정신적 위험에 노출되게 하는

습관
- ◆ 정서적으로 불안한 인격체로부터 일어나는 에너지로 타인의 삶을 흔들어 놓게 하는 습관

분석의 본질
- ◆ 자기의 갈등을 풀고 생활에 답답함을 해결하여 행복한 삶으로 전환하게 하는 습관
- ◆ 타인에게 의지하는 것에서 벗어나 스스로 자기에게 집중하는 독립된 습관
- ◆ 옛 것에 머물러 있지 않고 지금 현재 자신의 감정을 통해 성장하도록 하는 습관
- ◆ 불안, 두려움을 이겨내 정서적 안정을 찾고 새로운 자기를 만나도록 하는 습관

언어소통 그리고 통합된 삶?
- ◆ 느낌이 언어보다 더 빠른 것은 통찰로 이미 현실에 쓰이고 있기 때문이다.
- ◆ 통찰은 현실에서 아무것도 갖추지 않아도 원하는 만큼 힘이 있어 순간적으로 해낼 수 있다.
- ◆ 통합은 늘 자신을 바라보게 되는 만다라가 있기에 어느 때 어느 곳에서도 분석할 수 있다.
- ◆ 실천의 삶은 작고 소소한 것에서부터 거대한 움직임으로 항시 조절하며 확대될 수 있다.

6강 당신만이 해 낼 수 있었던 8단계 꿈 분석

자기분석 8단계

1단계 에너지

자기문제-문제를 느끼다.
자기상태-문제를 파악하다.
자기해결-문제를 드러내다.
자기나눔-문제를 녹여내다.

2단계 에너지
자기진행-열정을 찾다.
자기속도-열정을 드러내다.
자기확산-열정을 터트리다.
자기폭발-열정을 뿜다.

3단계 에너지
자기완성-내적으로 화합하다.
자기통합-내적으로 만나다.
자기이룸-내적으로 하나되다.
자기세상-내적으로 여행가다.

4단계 에너지
자기열림-정신적인 사랑을 하고
자기창조-정신적인 집을 짓고
자기떠남-정신적인 자유를 누리고
자기세계-정신적인 도전과 탐험을 즐김

5단계 에너지
당신생각-정신적 가치를 보고
당신믿음-정신적 생산을 하고
당신존중-정신적 차원을 넘어
당신펼침-정신적 한계가 없음

6단계 에너지
당신영원-세상에 매이지 않고
당신사랑-생명에 매이지 않고
당신떠남-순간에 매이지 않고
당신소멸-온기에 매이지 않고

7단계 에너지
당신의 점-하나이기도 하고
당신의 눈-여럿이기도 하고
당신의 품-개인이기도 하고
당신의 빛-전체이기도 하고

8단계 에너지
당신의 핵-자기이기도 하고
당신의 피-타인을 낳기도 하고
당신의 생명-타인이기도 하고
당신의 탄생-세상을 낳기도 한다.

꿈 자기분석 실제 8단계

1단계 가족 관계 의식적인 꿈
남편
형제
부모
자녀

2단계 산만하게 움직이는 의식적인 꿈

집 주변 이야기
일터에서 흔히 볼 수 있는 모습
많이 머무는 곳이 그대로 드러나는 모습
쉽게 볼 수 있는 장소

3단계 대소변을 해결하려는 것은 무의식이 드러나 치유되는 꿈
대소변을 보려는 익숙한 장소
대소변을 보면서 전개되는 과정
대소변으로 무엇인가 시도하며 움직이는 과정
대소변이 엄청나게 많이 드러나 놀라면서 어쩔 줄 모르는 상태

4단계 벌레들이 꿈틀대며 살아나오는 것은 억압이 풀려나는 꿈
썩은 곳에서 벌레가 나온다.
아는 장소에서 애벌레들이 드러난다.
상상 못 할 만큼 큰 벌레들이 움직인다.
한 번도 보지 못한 장소에서 끝없이 많은 벌레들이 있다.

5단계 주변이 아닌 새로운 곳, 낯설은 남자나 여자가 등장은 통합된 에너지 찾는 꿈
익숙하지 않는 곳에서 낯설은 남자나 여자를 만나는 경우
새로운 일들이 일어나고 함께 일을 도모하며 돕는 관계로 여자와 남자를 만날 경우
가는 곳 마다 새로운 사람들이 점점 많이 등장하는 경우
분위기가 좋고 자연스럽게 사랑을 하는 모습

6단계 전혀 생각지도 못한 곳에 멋진 집을 보거나 짓는 것은 정신적 성숙
전망이 좋고 쉽게 집이 없어 보이는 곳에서 본 멋진 집
집을 지을 수 없는 곳에 집이 지어져 있는 곳

집안을 보며 감동이 일어나며 구경함
집이 움직이거나 멋진 집을 보면서 말을 하거나 함

7단계 낯설은 동물은 정신적 통합에너지
땅 위에 떼로 다니며 평화롭게 움직일 때
바다에서 큰 동물이 움직일 때
하늘을 나는 새들, 용이 드러나 신비로울 때
세상에 없었던 동물을 보는 것

8단계 거대한 움직임이 보일 때에는 큰일에 앞장서는 힘
민속촌 같은 대궐 기와집에 수 없이 많은 사람들이 잔치를 벌일 경우
고요한 숲속에서 자란 나무들이 어마어마하게 보일 때
끝없는 동굴을 향해 들어가 오래된 인간을 만날 때
큰 언덕 위에서 가장 위대해 보이는 사람을 만날 때

7강 가장 원하는 삶! 누가 가능할까?

　사람은 이 세상에 태어난 것만으로도 주인공이자 최고의 삶이 된다. 최고의 삶은 억압을 받지 않고 자기가 원하는 것을 잘 풀고 성공해 갈 때 자기가 가장 위대해 보인다. 당신은 자기가 원하는 삶을 살아가고 있는가?의 질문에 그 대답이 궁금해진다.

　여러분들의 대답은?

　※어떻게 자기가 원하는 삶을 잘 살아갈 수 있을까?
　※원하는 삶을 꿈이라도 꿔봤으면 좋겠다.
　※말도 안되는 이야기다.

※조금은 원하는 삶을 살아가는 것 같다.

어떤 대답도 괜찮다. 다만 자기가 원하는 삶이 기다리고 있다는 것만으로도 희망이 있으니까.
그렇다면 언제나 자기가 원하는 삶을 살아갈 수 있다고 생각하는 사람이 많을까? 아마도 요즘 젊은 세대들은 "그렇다"라고 답을 많이 할 것이다. 왜 '젊은이들'은 이라고 단서를 붙일까? 지금을 즐기고 느끼며 살아가려는 독립된 것에 익숙해져 있기 때문이다. 그러면 이 젊은이들이 나이 들어가고 중년의 삶은 어떨까? 억압 없이 스스로 자기 독립적으로 정신을 보호받으며 삶을 살아갈 때에 어떤 스트레스도 받지 않고 자유로움을 유지하게 된다.

억압이 낮으면?
◆갈등, 고민하는 시간이 짧다.
◆눈치 보지 않고 용기 있게 행동한다.
◆언제나 생활에 활력소로 에너지를 유지한다.
◆창의적인 활동과 능동적인 기능발달로 스스로 하는 일에 탄력 받는다.
◆살아가는 동안 어떤 악조건에서도 쉽게 뛰어넘는다.
◆그때 그때 가벼운 삶을 즐긴다.

억압이 높으면?
◆마음의 무게로 주변 관계가 어려워지고 소통이 어렵다.
◆사소한 것에 과다한 신경쓰임으로 피로가 빨리 온다.
◆타인의 잘못된 것을 지적하고 도덕적인 행동에 집착하며 주변을 힘들게 한다.
◆눈에 보이는 근거, 점수, 이슈에 민감하며 타인에 대한 이해부족으로 고립된다.
◆문화 예술의 정신을 느끼고 이해하기보다 돈에 집착하여 조급해한다.
◆자기가 억압이 높은 만큼 가족들에게 억압이 거세진다.

〈꿈의 공간을 펼치고 열며〉

꿈을 표현하고 적기

꿈을 표현하고 적기

꿈을 표현하고 적기

꿈을 표현하고 적기

II

현실에서 일어나는 자기분석

II
현실에서 일어나는 자기분석

사람들은 아침에 눈을 뜰 때면 무슨 생각을 할까? 오늘 하루 어떤 일이 있느냐에 따라 생각이나 기분이 달라질 것이다.

긍정의 만남이 있다면? 상쾌함
부정의 만남이 있다면? 우울감

누적된 힘든 일이 기다리고 있다면? 부담감
좋은 결과물이 기다리고 있다면? 행복함

1. 생활에서 느껴보는 자기표현

자기 기분에 맞춰서 움직이는가?
전체 분위기에 맞춰서 움직이는가?
자기 계획된 것에서 움직이는가?
자기 멋대로 움직이는가?

이 모두를 생활 속에서 느껴보는 것이 좋다. 왜냐하면 고정된 생활은 성장을 방해할 뿐 아니라 즐거움을 맛볼 수 없기 때문이다.

1)당신은 어떻게 생활하고 어떻게 움직이고 있는가?

◆몸의 움직임?
-생활에서 움직이는 기본욕구에서 일어나는 행동
-계획에서 움직이는 기초 운동으로 행동
-직장일로 움직이는 노동에서 행동
-무엇인지 모르고 경계 없이 움직이는 행동

◆정신의 움직임?
-생활 속에 빠져서 아무 생각 없는 무감각한 정신
-지나친 바쁜 생활로 자기를 돌보지 못해 혼란한 정신
-늘 계획된 틀에 맞춰 벗어나지 못하고 여유 없는 고정된 정신
-생활 속에 변화를 좋아하고 새로운 자기발전에 노력하는 정신

2)생활 속에서 과연 자기분석이 가능할까?

◆자기 돌보기
-어떤 상황에서도 자기 돌보는 시간을 찾아라.
-자기 돌보는 것이 생각만으로 안 된다는 것을 알고 받아들이기
-고민하는 흔적을 생활로 끌어내 변화 느끼기
-자기 돌보는 마음이 뒤로 쳐져 물러나면 안 된다
-주변으로 받는 도움이 물질이 되어서는 안 된다
-굳건한 신념으로 끝까지 자기를 놓지 말고 버텨라

◆생활 속에 자기 드러내 표현하기
-권위적 태도는 진솔함이 전달되지 못한다.

- 일상적인 기준에 맞춰 감정적으로 생각하지 않는다.
- 1:1소통보다 집단소통을 원하여 더 큰 에너지를 느낀다.
- 소소한 것에서도 섬세함을 드러내 나누는 행복을 느낀다.

2. 환경으로부터 오는 자기표현

1) 주어지는 환경이 자기 전부를 지배한다.
◆ 주변에 바뀌지 않는 고정된 틀로부터 자기를 옥죌 경우에 벗어나야 한다.
◆ 갖춰진 배경이 자기를 위한 것이라면 바꿔나갈 수 있어야 한다.
◆ 넓고, 좁고, 높고, 낮은 환경적 변화는 세상흐름에 맞춰야 한다.
◆ 정서적으로 미치는 악영향이 클 경우 환경을 과감하게 바꿔야 한다.

2) 환경 때문에 자기를 드러나게 표현할 수 없다.
◆ 환경이 전혀 바꿀 수 없는 불변의 조건이라면 자기로부터 정신의 큰 변화가 조건이 되어야 한다.
◆ 환경이 수시로 변화의 흐름을 타면 자기로부터 더 큰 성장의 요소들로 합일점을 찾아 발 빠르게 대처해야 한다.
◆ 정상적으로 소통될 수 없는 환경에서는 붙잡힐 경우 하루빨리 그곳을 벗어나 자기를 지켜내는 것이 최우선이다.
◆ 새로운 환경에 부딪쳐 이해 안 될 때는 잠시 지켜보며 스스로 할 수 있는 범위까지만 하면서 시간을 보내는 것이 좋다.

3) 환경에서 한계에 부딪힐 경우
◆ 인맥보다 자기를 믿고 할 수 있는 힘을 기른다.
◆ 학벌에 치중하기보다 경험을 늘리고 도전하는 것이 중요하다.
◆ 어느 누구의 힘보다 자기에너지를 키우며 능력을 발휘해 나누도록 한다.
◆ 일반적으로 누구나 다 할 수 있는 것보다 새로운 틀을 형성하는데 중점

을 둬라.
- ◆정의롭고 진실에 파고들더라도 미약할 때에는 뒤로 물러나 힘을 길러 다시 전력을 다한다.
- ◆항상 자기로부터 뜻을 세우고 합심하여 일을 도모하며 그 결과를 펼쳐야 한다.

3. 사회 이슈로 느껴보는 자기표현

1)환경적으로 민감하게 반응될 경우에 자기 태도
- ◆여론에 의해 자기표현보다 확대해서 드러내 주변으로부터 좋은 시선을 받지 못한다.
- ◆본질을 잃고 부수적인 것을 드러내 본질을 흐리게 할 경우 포인트를 놓치게 된다.
- ◆주변을 생각하기보다 자기감정에 빠져 흥분해 정상적인 생활 에너지를 유지하기 어렵다.
- ◆모두 다 자기와 같은 반응을 해야 하는 것처럼 주변에 부담을 준다.

2)환경적으로 전혀 반응 없을 경우 자기 태도
- ◆이슈가 되고 있는 자기 생각의 흐름을 분위기로 익숙하도록 자연스럽게 열어간다.
- ◆이슈의 내용이 많은 사람들에게 필요하고 소중하다고 생각하는 부분을 드러내 공감 하도록 한다.
- ◆이슈는 시대적 흐름의 정보이자 문화이고 정신운동이라면 먼저 본인이 느끼고 생활로 나눈다.
- ◆이슈에 대한 반응이 무게로 많이 느껴지고 전혀 반응 없을 경우 자기의 문제에도 상당히 시간이 걸린 수 있다.

3) 환경적으로 분위기에 따라 적극적으로 반응될 경우 자기 태도

◆ 자기 생각들이 이슈가 될 수 있어 여건이 된다면 아이디어로 기획이나 제안, 결과물을 도출하는데 속도 붙게 할 수 있다.
◆ 새로운 이슈가 될 수 있도록 한발 앞서서 자기의견을 적극적으로 드러내 도전한다.
◆ 자기 꿈을 통해서도 생활 속에 에너지가 재창조될 수 있도록 자기를 열고 주변인들과 시대적 흐름에 이슈를 만든다.
◆ 늘 모든 것에 의미와 에너지를 느끼면서 바로바로 현실을 열어가는 속도에 지치지 않을 때 끝이 없는 자기완성이다.

자유로운 환경을 조성할 때
- 모든 것을 뛰어넘을 수 있어 보이는 전부를 에너지로 활용해 보라.
- 막연한 행운 같은 생각보다 자기 무의식을 느끼는 만다라를 감상 해보라.
- 의식적이고 현혹되는 글이나 일방적인 강의보다 체험담을 즐기고 엮어내라.
- 생각들을 듣는 것보다 새롭게 일어나는 것을 함께 하며 나누는 소통을 하라.
- 지금 느끼고 할 수 있는 범위를 깔고 출발하면 자기 환대는 분명히 기다리고 있다.
- 마음에 부담을 벗는 연습과 실천 없이 여유로운 관계를 맺지 못한다.

4. 새로운 환경이 되는 마그마숲의 이슈! 2020년도는 1인 통합경영시대를 향한 도전!

  김영옥세상분석 자기 꿈분석을 통해 대중소통으로 MBA학교로 새 길을 향해 걷는다.
  온 국민과 함께 할 수 있는 이슈에 도전!
- 건강한 1인 가정 돌보는 심리지원 학습시대 열기

- 어린아이부터 어른까지 치유 앱 제작 및 상담영역 확보
- 해외 한인들 치유와 소통 그리고 심리지원단 순회 전시
- 세상을 소통하는 현대인들 집단심리지원 학습지 발간

〈꿈의 창문으로 몽이들이 소통하고 즐기며〉

꿈을 표현하고 적기

꿈을 표현하고 적기

꿈을 표현하고 적기

III

통합 꿈 분석 1인
경영시대를 열다.

III
통합 꿈 분석 1인 경영시대를 열다.

1인 경영은 자기를 통합하여 자기로부터 생산되는 일을 허가받아 운영하는 것이다.

1. 경영하는 소통

1) 통합경영의 완성은?

자기통합으로부터 컨텐츠를 구축하고 최고의 가치를 뽑아 세상에 인정받아 확대 성장할 때다.

◆ 나 소통
- 나와 세상이 서로 공유하며 소통될 때다.
- 나로부터 의미와 가치가 있을 때다.
- 주변으로부터 내가 드러나 활동할 때다.

◆ 나 운영
- 생각대로 펼쳐 정보제공해보기
- 느낌을 살려 샘플 제작해보기

- 행동하는 대로 일 추진해 보기

◆ 나 만다라
- 문제가 되는 상태를 무의식워크북에 드러내 느끼기
- 잊을 수 없는 부정적 생각을 맞춤 워크북에 드러내 만다라로 완성해보기
- 막연한 생각을 그려내는 무의식 창조 워크북으로 삶을 예술로 풀어내기

◆ 나 삶의 일부분
- 실수는 행운을 부르는 무의식의 밑거름 역할
- 자주 잊어버린다는 것은 새로운 것을 받아들이는 즐거움에서 통합된다는 의미
- 부정 앞에서 마무리를 짓지 않고 피할 때는 통쾌한 결론이 기다리고 있다는 의미

◆ 나 삶의 전부
- 목표를 향해 성공 할 수 있다는 생각
- 희망을 향해 자기가 끝임 없이 성장가능하다는 생각
- 꿈을 향해 도전하며 긍정적으로 통합된 꿈을 이루고 또다시 이뤄 갈 수 있다는 생각

2)나만의 뇌 발달 심리조절 방법

우리는 어린아이들을 보면 주로 "이 아이는 머리가 좋다." "똑똑하다." "어떻게 그런 생각을 할 수 있을까?" 라는 말을 많이 하기도 하고 듣기도 한다. 당신은 "똑똑하다" 이런 말에 기분이 좋은 사람이 있고, 안 좋은 사람이 있다. 머리가 좋다면 자기는 기분 좋아할 것이고, 머리가 나쁘다고 하면 기분이 당연히 안 좋을 것이다. 그렇다면 머리가 좋고, 나쁘다는 것은 원래 뇌와는 어떤 관계가 있을까? 뇌는 누구나 다 똑 같은 역할을 할 것이다. 다만 무의식적으로 열린 소통으로 기능발달이 된 상태와 닫힌 상태로 기능발달이 늦었을 뿐이다.

47

어릴수록 심리적 불안, 두려움을 갖는 상태는 뇌 기능 발달에 매우 악영향을 줄 수 있어 정상적으로 생각하기보다 무의식 작용으로 위험수위를 높인다.

◆ 뇌와 삶이 어떻게 연결될까?

"나! 그만 힘들어하자!!!" 라고 백번을 외치며 말로 끝내는 것과 현재 힘들고 있는 것을 표현하고 긍정상태를 만다라로 보며 행복해하는 것과 어떤 차이가 있을까? 즉각적으로 말로 표현해 자기를 바꾸려고 하지만 무의식적으로 과거 힘들었던 기억이 회복되지 않으면 그대로 살아있어 남아있게 된다. 만다라는 이렇게 무의식적으로 남아있고 살아있는 감정을 드러내 부정을 긍정으로 즉각 바꿔가는 과정에 의식은 힘을 얻을 뿐 아니라 의욕이 되살아나 활력이 된다.

힘들어하는 것이 한순간 통합된 만다라로 해결된다면 뇌 기능발달은 매우 활발해진다. 이 덕분에 생각하는 대로 뇌가 열리는 사고, 즉 창조적인 생산품들을 쏟아낼 수 있게 된다.

3)끝없는 뇌 기능발달

우리는 부정으로 막지 않으면 태어나고, 일어서고, 일어서면 걷고, 걸으면 뛴다. 이처럼 뇌도 억압하지 않으면 저절로 기억을 하고, 기억해낸 것을 드러내 창조하고, 창조된 것에서 힘을 얻어 재미나게 살아간다.

자기분석 꿈의 상징분석으로 억압받지 않는 자기로 통합하기

◆ 한 순간도 고민하지 않는 나
◆ 미래 걱정도 하지 않는 나
◆ 열린 생각으로 불안하지 않은 나
◆ 작은 성취와 만족으로 절망하지 않는 나

◆기능발달로 두려워하지 않는 나

2. 세상분석과 대중소통

1)나 홀로 1인 경영 새로운 확장시대!

이제는 그냥 기존대로 경영할 수 없는 급변한 시대상황이다. 이 모든 변화들이 우리는 예측할 수 없을 정도로 속도가 붙어 생각의 흐름도 빨라지고 있다. 그에 대비책으로 마그마숲이 또 한번 변화의 흐름을 감지하여 새로운 길에 속도를 낸다. 마그마힐링에서부터 만다라분석심리전문가까지 배출되어 전국 곳곳에서 마그마힐링지도자들이 배출되면서 사회 흐름을 타고 있다. 이에 모두가 1인 경영리더처럼 활동영역을 넓히고 열악한 현장에서 마그마힐링을 펼치고 있다.

마그마숲과 함께 건강하고 재미있는 세상을 펼치고자, 나 통합 1인 경영리더에서부터 경영을 꿈꾸는 자, 자기계발에 힘쓰는 자, 모두 함께 건강한 에너지를 찾아 할 수 있는 일을 창출하고자 경영리더학교를 계획했다.

나의 멋스러운 모습을 알아가고
나의 새로운 경영에 도전하며
나의 꿈을 위해 꾼 꿈을 분석하고
나의 미래를 여는 대중소통으로 비전을 만드는 학교
젊음이 연장되어 제2의 인생을 다시 설계해야하는 시대
1인 통합경영시대는 복잡함을 버리고 단순하고 편리하게 접근하는 방식과 쉽게 대중 소통될 수 있도록 했다.

2)나 통합 1인 경영분석

나를 통해 운영되는 경영 흑자전략으로 인생 그래프를 상향 선으로 끌어올

리기

- ◆빼앗긴 감정회복-지금 긍정적 심리상태로 현실에너지를 찾아 소통해내기
- ◆나 역사 탐방-10세, 20세, 30세, 40세, 50세, 60세 지난 날들 이야기들을 풀어서 엮어내기
- ◆나의 통합경영 시작과 끝-모델제시, 하루 체험경영의 힘을 평가해내기
- ◆꿈의 상상경영-꿈 분석으로 경영분석 경험하기
- ◆나 전체 통합경영 진단-과거 경영경험에서 분석된 자기평가로 현실경영에서 참여하고 있는 통합된 자기분석 해내기

3)경영리더 학교 커리큘럼
1학기에서 4학기로 졸업 가능하며 마그마숲MBA학교로 한다.
관계로부터 붙잡히지 않는 투명한 경영리더는 자기분석을 통해 건강한 경제 살리기에 앞장선다.

4)나 상처회복은 언제나 지금이어야 한다.
- ◆경영에는 부정적인 무게는 금물
- •자금흐름에 대한 걱정은 미리 새로운 길을 열면서 순간적으로 해결
- •경영에 대한 두려움을 멈춰서면서 멀리 바라볼 수 있는 통찰의 힘으로 해결
- •미래경영 대표로서 완전하게 설수 있을까? 라는 공포감을 지금 현재에 몰입된 사고로 해결

- ◆경영에는 항상 긍정의 힘이 작용
- •작은 것에서 성취를 맛보며 세상과 소통을 적극적으로 확대시킨다.
- •지금 이 순간 행복을 맛보며 관계하는 모든 이들과 나눔을 확대시킨다.
- •미래의 꿈을 항상 지금 생각하며 앞당긴다.

◆ 경영에는 진솔한 관계형성
- 현재 감정에 충실하면서 건강한 생활로 집중되는 관계로 출발한다.
- 늘 소비와 생산에 관심을 갖고 관계에서 적극적으로 확대 보급을 한다.
- 사소한 것에 매이지 않는 관계, 이해타산에서 벗어나 원활한 관계를 한다.

5) 나 굳건한 초석의 힘은?
◆ 부정적 초석
- 본질 왜곡
- 근본 상실
- 일방적 무시

◆ 긍정적 초석
- 꿈 실현
- 통합된 좋은 일
- 창조적 나눔

◆ 확장의 삶
- 중심에너지 발달
- 활발한 관계 발달
- 자본과 생산의 흐름이 원활

6) 경쟁을 넘어 도전!
◆ 부정적 도전
- 모방적 사고
- 비교 당함
- 외부세력에 몰림

◆ 긍정적 도전

- 기회 잡는 사고
- 흐름 타기
- 주변에서 도와줌

◆ 통합 도전
- 안전한 범위
- 확정된 수요
- 독창적 창출

7) 정신성장과 경영성장은 통합일 때
- 통합된 상태에서 투자할 때에는 절대적 가치로 평가받는다.
- 힘들 때도 자기에게 더 많은 투자를 해야 한다.
- 좋을 때도 세상에 대해 투자를 아끼지 말아야 한다.

◆ 자기분석은 모든 것을 성장하게 한다.
부정이 많으면 모든 것이 실패할 확률이 높다.

3. 자기표현 기준

그림을 그리는 것이 아니라고 해도 자기표현을 부정하게 되는 것은 무엇일까?

지금 여기에 집중하지 못하고 다른 목적에 딴 생각으로 에너지 없는 상태이다.

자기가 잘 살아가기를 원하면서도 자기를 가장 쉽게 표현하는 것을 가장 어렵게 잘 하려는 것에서 무리가 따라 힘들어지고 어려워진다.

- ◆색칠이 안 된다.
- ◆느낌 없다.
- ◆모르겠다.
- ◆그림 못 그린다.

1)자기긍정

무조건적으로 무의식의 통로 즉 현실과 소통될 수 있는 여유 공간이 열려 있고, 시간이 지나면 더 활발한 소통을 할 수 있는 단계로 에너지가 있다.

2)자기부정

강한 긍정을 원하지만 무게에 막히면서 약한 의식 때문에 자기와 현실에 소통의 문이 닫히고 여유가 없어 하는 일마다 모두 난제가 된다.

4. 1인 경영활동 및 비전

1)마그마숲MBA는 어떤 사람에게 도움이 될 수 있는가?
- ◆새로운 일 창조 아이디어를 얻고자 하는 기업인
- ◆위기나 미래가 불안한 상태가 지속적일 때 대처방법
- ◆변화 발전 없는 상태 그대로가 답답할 때
- ◆세상 흐름에 발맞춰 성공적인 기업으로 이끌고 싶을 때

2)MBA를 통해 무엇을 얻어갈 수 있는가?
- ◆무의식 통찰로 통합된 리더
- ◆새롭고 폭넓은 경제창출 · 관계형성 · 자기발견 · 제2의 인생 전환점
- ◆흔들리지 않는 지도력 · 네트웍 형성

3) 마그마숲 MBA과정 출신자와 함께 경영분석과정 연구 및 지도활동 확립
- ◆ 심리프로그램 보급차 해외봉사단 구성
- ◆ 국내·국외 네트웍을 통해 정보소통
- ◆ 마그마숲 프로그램 컨텐츠 해외 수출

4) 세상분석 이론교재와 M분석심리 실제
- ◆ 워크북교재 – 세상분석심리 대중소통 워크북 5종 세트(25종)
- ◆ 교육장소 – 마그마숲 본부1~3관, 세상소통체험 9관, 연구동4~7관, 그리고 별체 쉼 공간 8관 활용
- ◆ 몽이소통 – 행운과 꿈을 만나는 제9관 활용

〈세상 몽이들과 함께〉

꿈을 표현하고 적기

꿈을 표현하고 적기

꿈을 표현하고 적기

꿈을 표현하고 적기

IV
세상분석을 향한 도전!

IV
세상분석을 향한 도전!

한 번쯤은 누구나 도전해 보고 싶은 경영자의 꿈!
김영옥세상분석을 하는 목적은 참여자는 한계 없는 분석으로 세상 그 어떤 난관에도 좌절 없이 경영에 속도를 내고 집중하게 하고 싶다.

이 시대 리더라면 야심차게 걷고·뛰며·날고픈 성공적인 삶을 꿈꾼다. 거기에 맞춘 걸작, 이시대 주인공이라면 누구든 마그마숲 MBA학교에 한 번쯤은 제한 없는 자기무대에 서길 바란다. 자기가 꿈꾸는 세상! 자기만이 펼칠 수 있는 개인 무대에 당당히 자신 있게 외칠 기회를 만들어 제공한다.

맘껏 상상의 꿈을 꾸고
맘껏 꿈이 현실로 드러나는
이 시대의 주인인 당신을 당당히 세상을 향해 서게 하고 싶었던 학교!
MBA최고경영지도자 통합의 길을 추천한다.

1. 자기전략 통찰의 힘!

1)자기분석전략

잘 살아갈 수 있을까?
이렇게 고민하는 사람이 한 둘이 아니다.

그냥 바라보기만 해도 고민이 끝나는 마력같은 힘은 없을까?
　과거 그림을 그리면서 그냥 바라보기만 해도 모든 상처가 치유가 되는 그림을 그려보고 싶었다. 그래서 지금까지 그렇게 만다라를 그려내 워크북을 연구제작하고 있을까? 그에 답이 나오기까지는 얼마나 기다려야 할까? 이제는 많은 사람들이 원하는 일을 하고, 원하는 사람을 만나고 원하는 세상을 살아가면 좋겠다. 그런 특효약은 없을까? 이렇게 말하면 너무 가짜같은 말이 될까? 오늘날까지 수없이 많은 질문을 던져 연구해왔지만 아직도 속 시원하지 않다. 만다라통합 꿈 분석으로 세상을 아름답게 풀기위해 오늘도 만다라 분석을 연구하고 있다.

◆나에게 나를 보는 힘이 어디에서 생길까?
◆나에게 없었던 힘을 찾아서 세상을 움직일 수 있을까?
◆나에게 내일을 기대할 수 있다면 당장 어떤 것을 기대할 수 있을까?
◆나에게 새로움이 느껴져 희망이 온다면 어떤 세상이 드러나 놀랄까?

이 정도의 힘을 현실에서 찾아내는 일이라면 누구나 도전해 볼만 하다.

◆워크북의 무의식 활동에너지를 찾아서 자기열기
◆내적갈등, 집착을 녹이고 성공적으로 확장된 것에서 자기분석
◆자기전부를 펼쳐 새롭게 재형성된 것에서 기존 틀을 벗어나는 자기정리
◆기대를 갖고 왔던 과정들을 모두 한눈에 보이는 전시활동으로 자기통합

2)통찰의 힘! 자기무게 분석

◆1차 나의 꿈 통찰
　보는 것이 안된다.
　보는 것이 힘들다.
　보는 것이 된다.
　보는 것이 좋다.
　보는 것이 기쁘다.

◆2차 나의 일 통찰
　보는 것이 멈춘다.
　보는 것이 짧다.
　보는 것이 이어진다.
　보는 것이 반복된다.
　보는 것이 속도난다.

◆3차 나의 미래 통찰
　보는 것이 낯설다.
　보는 것이 익숙하다.
　보는 것이 설렘이다.
　보는 것이 모험이다.
　보는 것이 창조이다.

3)자기분석 통합 상태

◆1차 자기분석통찰
　안정-앉고 싶은 마음
　행복-앉아서 느끼고 싶은 마음
　사랑-앉아서 느끼고 누워 즐기고 싶은 마음

◆2차 자기분석통찰
　순환-바람을 타고 싶은 마음
　교류-바람을 타고 훌러 섞이고 싶은 마음
　성공-바람을 타고 흘러 섞이면서 우뚝 서고 싶은 마음

◆3차 자기분석통찰
　전환-서서 날고 싶은 마음
　활동-서서 날고 움직이고 싶은 마음
　여유-서서 날고 움직이고 누리며 인생을 논하고 싶은 마음
　도전-서서 날고 움직이고 누리며 인생을 알고 또 다른 세상을 열고 싶은 마음

◆4차 자기분석통찰
　일 경영-자기의 능력을 발휘하여 세상 돌아가는 경영에 나섬
　삶 경영-나 통합된 도전으로 인간관계 경영에 나섬

4)자기정리 분석 상태
◆1차 생활에서 시간적 허용되는 범위를 정리
　주변사람 정리-과거로부터 오래시간 부정적 노출된 상태
　활동분야 정리-질 높은 관계로부터 확대 생산될 시
　사업정리-큰일에 부담을 느끼고 경제적인 손해나 동선에 장애를 일으킬 때

◆2차 목적 달성에 방해받고 있는 범위를 정리
　한계점-발전 없는 상태에서 과감하게 투자해 업그레이드
　생산량-현재 보다 미래 확대, 성장으로 이끌어내는 물량을 다량 확보

◆3차 경쟁에서 밀릴 때 집중의 힘을 갖추기 위해 모두 다 정리
　과거 있었던 일-소송 같은 법적인 문제
　현재 쌓인 감정-나아가는데 빼앗기는 감정

미래 대한 기대-일어나지도 않는 것에 대한 차단

2. 통합경영자의 힘

1) 틈새경영
- ◆ 전반적으로 기대를 하향 조절하여 100% 가능성 있게 이끌어야 한다.
- ◆ 일이 완성되기까지 반복 성장에 집중하여 속도를 낸다.
- ◆ 새로운 투자는 생산을 확보하는 단계이므로 안전하고 가치 있게 한다.
- ◆ 속도 생산 확대에 집중한다.
- ◆ 주어지는 상황에서 긍정적 효과를 보도록 한다.
- ◆ 사소한 문제에 휩쓸리지 않도록 한다.
- ◆ 새로운 에너지를 이끌어내는 창조에너지는 필수적이다.
- ◆ 분명하지 않은 일에 시간 투자는 하지 않는다.

2) 틈새성장
- ◆ 긴장-일과 공부에 관한 필기가 없는 것에 머무름
- ◆ 경직-문자를 피하고 화려함을 피한다.
- ◆ 굳음-자기 시간을 갖고 움직이도록 하여 자유를 가질 것

꿈을 표현하고 적기

꿈을 표현하고 적기

꿈을 표현하고 적기

꿈을 표현하고 적기

V

리더들의 어려움을
꿈 분석으로 풀다.

V
리더들의 어려움을
꿈 분석으로 풀다.

　리더는 모든 것을 책임지고 이끌어 가야한다는 것에 부담을 느낀다. 특히 상담을 하는 사람들은 자기 통합된 에너지를 갖추지 않으면 할 수 없는 일이다. 보이지 않는 무게를 가진 심리상태를 해결해야 함으로 어느 직업보다 어려움이 크다. 이런 리더들의 어려움을 조금이나마 극복하고자 마그마힐링 워크북을 연구해 보급하게 된 것이다. 그나마 마그마힐링 워크북은 굳이 부정적 감정을 드러내지 않고도 자기 심리상태를 느끼며 해소할 수 있도록 이끌기 때문에 그다지 소모되는 에너지가 필요치 않다. 이 점을 살려 경영리더에게도 도움을 줄 수 있겠다 싶어 용기 내어 마그마숲 MBA학교를 열게 되었다.

　경영리더도 상담을 하는 분석가처럼 회사를 이끌어가는 힘이 어느 누구보다 더 필요하다. 그래서 만다라분석전문가처럼 깊은 내면작업을 하지 않고도 쉽고 단순하게 자기성장을 도와 통찰에너지를 찾도록 하기 위함이다. 그 내용들은 다음 펼쳐지는 것에 의해 자동성장과 자동통찰로 구분해 보여 지도록 했다.

1. 리더의 자동적 성장은 정상적인 삶

꿈 분석으로 자동적 통찰로 이끌 때-권위 타파에서 얻는 진실한 꿈

1)자기로부터 힘든 고통을 극복하여 오는 행복한 만족감
- ◆ 혼란함에서 정리되는 꿈
  현실적으로 매우 가깝게 있는 가족들 생활의 내용
- ◆ 신나면서 안정되는 꿈
  엉뚱하게 움직이면서 펼쳐지는데 속도가 느껴지는 내용
- ◆ 집중되면서 자유로운 꿈
  창작품을 보거나 이야기하거나 전시장에서 관람하는 장면의 내용
- ◆ 고요하면서 활달한 꿈
  기와집, 전통 민속촌, 대궐 같은 곳을 누비면서 행사준비나 공연 등으로 분주한 내용
- ◆ 움직이면서 견고한 꿈
  고정되어 있는데 큰 힘이 느껴지고 넓거나 높거나 많거나 놀람이 있는 내용

2)하는 일이 확장되면서 스스로 결과를 기대할 때
- ◆ 금빛 꿈
  꿈을 깨면서 환상적이며 이보다 더 이상 행복한 느낌을 가져 본적 없었던 꿈
- ◆ 은빛 꿈
  꿈을 깨면서 저절로 오는 기쁨의 꿈
- ◆ 태양빛 꿈
  꿈을 깨면서 마디처럼 굵직하고 든든한 느낌의 꿈
- ◆ 달빛 꿈
  꿈을 깨면서 순간순간 떠오르면서 되새겨지는 꿈

◆ 별빛 꿈
　꿈을 깨면서 오늘 있을 작은 일들을 기대하는 꿈

3)부정에 휘말리지 않고 단호하게 결정하여 성공할 때
◆ 진실한 소통의 꿈
　오늘 꾼 부정적 꿈도 인정하고 싶은 꿈
◆ 진실한 세상의 꿈
　오늘 일이 안될 것 같은 꿈도 스스로 인정하고 싶은 꿈
◆ 진실한 친구의 꿈
　가장 싫어하는 친구가 나오는 꿈도 그대로 인정하고 싶은 꿈
◆ 진실한 펼침의 꿈
　현실에서 가장 보고 싶은 사람이 꿈에 나와도 현실이 아닌 것을 스스로 빨리 인정하고 싶은 꿈
◆ 진실한 꿈꿈의 꿈
　매일 꿈이 생각나지 않아도 스스로 기분을 챙기게 하는 미미한 꿈도 의미 있게 에너지로 쓰고 인정하고 싶은 꿈

2. 리더의 수동적 성장은 퇴행적인 삶

수동적 통찰로 이끌 때-권위적 태도로 진실이 무너져가는 꿈

1)자기의 소중한 가치를 잃어버릴 때

2)지나치게 참아오며 버틴 삶에서 힘이 고갈되어 부대낄 때

3)생활방경이 좁고 고립되어 살아갈 때

꿈을 표현하고 적기

꿈을 표현하고 적기

꿈을 표현하고 적기

꿈을 표현하고 적기

VI
꿈 분석의 본질

VI
꿈 분석의 본질

1. 꿈의 세계는?

1)자기가 힘들 때나 행복할 때 언제나 영원히 함께 있는 꿈 세상
- ◆꿈은 생활에서 불안하고 잘 이해 안 되는 상황들이 즉시 꿈으로 드러나 항상 자신을 지키게 한다.
- ◆꿈은 생활에서 움직일 때마다 하고자 하는 일에 그림자처럼 따라다니며 생각으로 머물게 한다.
- ◆꿈은 생활에서 실수하지 않도록 하기 위해 먼저 꿈으로 드러나게 하여 부정을 미연에 방지하게 한다.
- ◆꿈은 생활에서 보이지 않는 희망을 주기 위해 늘 꿈으로 펼쳐진다.
- ◆꿈은 생활에서 자기를 더욱 건강하게 하기위해 늘 변화하는 꿈을 꾸게 한다.

2)자기가 성공할 때나 좌절할 때 언제나 손을 잡고 함께 해주는 꿈 세상
- ◆자기가 집중하여 의식의 목표를 향해 갈 때는 한 줄기 빛으로 목마름을 해결하듯 꿈을 꾸게 한다.
- ◆자기가 목표를 향해 잠시 좌절과 절망이 올 때 빨리 일어설 수 있는 꿈을

꾸게 한다.
- ◆자기가 감당해내야 할 몫이 크다고 해도 충분히 가능한 꿈을 꾸게 한다.
- ◆자기가 하고자 할 모든 것을 놓치지 않고 좋은 결과물을 얻어 충분히 느낄 수 있는 꿈을 꾸게 한다.
- ◆자기가 생각을 갖추고 행동을 하면서 움직일 때 무의식의 꿈은 그에 반응하여 움직이는 꿈을 꾸게 한다.

3)자기가 언제든지 꿈꾸면 펼쳐지는 세상
- ◆꿈꾸는 것을 먼저 알고 분석 받게 되면 현실은 곧 바로 원하는 바가 실천된다.
- ◆꿈꾸는 것을 놓치지 않고 분석 받게 되면 현실은 속도 있게 원하는 바가 이뤄진다.
- ◆꿈꾸는 것을 깊이 있게 만다라로 분석 받게 되면 현실에서 생각할 수 없었던 큰 에너지로 확장 성공하게 된다.
- ◆꿈꾸는 것을 깊이 있게 만다라로 통찰하게 되면 스스로 넓혀나갈 수 있는 범위가 한계없이 나아간다.
- ◆꿈꾸는 것을 매일 만다라로 펼쳐내는 과정이 삶의 연장선이 되어 꿈과 현실이 구분 없는 통합된 에너지로 움직이는 세상을 열어나간다.

2. 꿈 속의 신비

1) 꿈속은 마음대로 할 수 있는 세상
- ◆꿈을 조정할 수 있다면 얼마나 좋을까?
  실제로 꿈도 꿈속에서 조정할 수가 있다.
- ◆꿈속에서도 꿈을 해결하면서 꿈을 꾸면 얼마나 좋을까?
  꿈에서 꿈의 맞게 해결하고 싶다면 그 꿈도 쉽게 해결 가능하다.
- ◆꿈을 꾸는 장면을 보면서도 꿈을 그려낼 수 있다면 얼마나 좋을까?

꿈속에서 본 배경을 꿈에서도 다시 생각하면서 꿈을 그려내는 것을 할 수 있다.
- ◆ 꿈을 꾸면서도 현실에서 꿈을 찾는 것과 똑같이 일어나면 얼마나 좋을까?
꿈속에서 하고 싶었던 많은 것들이 현실에서도 문득문득 하고 싶은 욕구들을 하게 된다.
- ◆ 꿈에서 불가능한 것이 현실에서 곧 바로 가능하면 얼마나 좋을까?
꿈에서는 도저히 이룰 수 없는 사랑을 현실에서는 쉽게 사랑을 이뤄갈 수 있다.

2) 꿈속은 마음대로 넓힐 수 있는 세상

- ◆ 꿈을 분석해 생활이 좋아지고 정신적 충만감이 들 때 꿈속 자기영역은 극대화된다.
- ◆ 꿈을 분석해 통찰이 되면 생활의 방경이 좁더라도 세상 넓이만큼의 일과 여유로 그 가치를 누리게 된다.
- ◆ 꿈이 점점 생활 속에 가까이 다가와 통합에너지를 느끼면 순간에도 이뤄내는 생산량이 크다.
- ◆ 꿈을 꾸고 나서 깊이와 넓이의 꿈을 분석하고 현실에서 그 힘을 세상에 발휘하여 건강하게 확대해가면 무의식세계를 즉시 통합해 나갈 수 있다.
- ◆ 꿈으로 현실세상을 무의식 통합의 세상으로 열어갈 수 있다.

3) 꿈속은 마음대로 가볼 수 있는 세상

- ◆ 꿈속 세상은 현실에 실제 우주보다 더 넓다.
- ◆ 꿈의 세상은 현실처럼 한계가 없이 여행할 수 있다.
- ◆ 꿈의 세상은 현실보다 생산되는 자원이 더 많다.
- ◆ 꿈의 세상은 현실에서 만난 사람들보다 더 많이 만날 수 있다.
- ◆ 꿈의 세상은 현실에서 가질 수 있는 것보다 더 많이 가질 수 있다.

꿈을 표현하고 적기

_____

_____

_____

꿈을 표현하고 적기

꿈을 표현하고 적기

꿈을 표현하고 적기

VII
성공의 욕구는 어디까지

VII
성공의 욕구는 어디까지

1. 태어나서 오늘까지

1) 모든 부정을 다 떨칠 수 있는 힘
- ◆새로움을 아는 것
- ◆무의식을 경험해보는 것
- ◆자기 꿈을 그려보는 것
- ◆자기성공을 위해 꿈 분석 받아보는 것
- ◆자기 통합을 위해 꿈 통찰로 얻은 에너지를 발휘해 실천해 보는 것

2) 보이는 모든 것을 가질 수 있는 힘
- ◆꿈으로 얻은 작은 에너지라도 의식으로부터 외면하지 않을 때
- ◆꿈으로 얻은 에너지로 일을 하고 그것을 또 다시 자기에게 투자할 때
- ◆꿈으로 생활을 이해하고 그것을 확대해 세상으로 나아가는 길이 끝이 없을 때
- ◆꿈으로 통합되고 꿈으로 세상을 이해하고 끝없는 자료를 연구하며 교육자들을 길러낼 때
- ◆꿈으로 세상 여는 힘이 현실에서 말보다 더 빠르게 움직일 때

3) 보이지 않는 모든 것을 찾아내 파악할 수 있는 힘
- ◆꿈속을 통해 많은 길을 걸어볼 때
- ◆꿈속을 통해 많은 생명들을 찾아 다녀볼 때
- ◆꿈속을 통해 많은 세상들이 펼쳐 질 때
- ◆꿈속을 통해 많은 곳에 정착 해 볼 때
- ◆꿈속을 통해 많은 것을 경험하지만 다 다른 경험으로 다가올 때

2. 태어나기 전부터 죽고 나서까지

1)자기가 좋아할 집중의 힘
- ◆자기 무의식 생각에 머무를 때
- ◆자기 무의식 갈등에 머무를 때
- ◆자기 무의식 집착에 머무를 때
- ◆자기 무의식 일에 머무를 때
- ◆자기 무의식 성공에 머무를 때

2)자기가 좋아하고 머물러 몰입된 힘
- ◆건강, 일, 생활 어디에도 머무르지 않는 나
- ◆학교, 직장, 집 어디에도 머무르지 않는 나
- ◆가족, 사회, 세상 어디에도 머무르지 않는 나
- ◆과거, 현재, 미래 어디에도 머무르지 않는 나
- ◆어디에도 머무르지 않아도 늘 현재에 있는 나

3)생활 속에서 늘 만날 수 있도록 하는 창조의 힘
- ◆약자를 보면 어떻게 도와야 할지 모르지만 정당한 권리를 찾게 할 줄 아는 나
- ◆누구를 믿고 따라가기도 하지만 자기를 믿고 가는 길을 더 선호하는 나

◆ 큰 물줄기를 조절하여 생활 속에서도 가깝고 친숙하게 느껴볼 수 있도록 하는 나
◆ 큰 영역 확보도 가능하지만 작고 보잘 것 없는 영영에서도 에너지가 머무르도록 하는 나
◆ 끝이 안 보이는 길을 가고도 있지만 늘 시작점을 짚고 아는 나

〈꿈의 하늘공간〉

꿈을 표현하고 적기

꿈을 표현하고 적기

_____

_____

_____

VIII

꿈 분석으로부터

행복한 CEO까지

VIII
꿈 분석으로부터 행복한 CEO까지

1. 마그마숲에서 즐기는 꿈 분석의 묘미

자기중심에 서서 자기를 발전시키고 자기에게 집중하며 자기에게 관심이 참 많은 시대이다. 그래서 늘 연말이 되어 연초가 되면, 새해 운세, 새해 계획, 새해에 자기에 대한 기대심리가 높아 점집이나, 꿈 해몽 같은 것에 관심이 많고 또 의존하는 사람들이 많아진다. 일시적으로도 만족하게 되지만 거금을 지불하게 되면서 굿판도 벌이게 된다.

그런데 왜 새해가 되면 반복적일까?
평소에는 새해가 아닌 것일까?
참으로 이해가 안 되기도 한 일이다.

점이나 운세, 꿈 해몽 등과 같은 일회성에 불과한 행운을 믿고 지불되는 것 없이 재미로 끝나도 그렇게 나쁘지는 않다. 하지만 경제적인 손실이 크고 정신까지 혼란해질 경우에는 엄청난 손실로 고통이 뒤따르게 된다. 이렇게 해서라도 자기를 붙잡고 싶은 마음은 알겠지만 진솔한 자기를 붙잡을 수 있어야 한다. 무의식의 통합된 에너지를 찾아낼 수 있는 워크북은 실제로 부담 없이 체험 해볼 수 있겠다. 매일 하루는 새해 새날이 된다. 늘 새로운 나날을 1년 동안 자기를 다잡아 색칠을 하거나 감상을 하거나 분석을 받게 될 경우 많은 변화들이 생겨나는 것을 경험하게 된다. 이런 자기의 감정을 모두 다 풀 수 있어 쉽게 행운을 찾아보고 나눌 수 있게 된다. 행운은 그렇게 요행처럼 갑자기 생기는 것이 아니고 꾸준하게 새 나날을 경험하고 바라던 그 무엇이 자극이 되어 드러난다. 이때 방치되어 버려지고 믿지 못하고 있었던 자신이 행복한 감정을 되찾는 행운이 오게 된다.

1)무의식 놀람의 연속
- ◆무의식을 펼치는 가운데 잘잘한 기쁨같이 행운을 즐긴다.
- ◆무의식을 자극하며 일깨우면 늘 생산되는 것에 놓여 행복해 한다.
- ◆무의식 상징을 찾아 의식으로 표현하면 날마다 새로운 일들이 확장된다.
- ◆무의식에 집중하다보면 일회성에 노출되지 않고 장기간 흔들리지 않아 큰일을 이룬다.
- ◆무의식을 즐기고 통합하면 모든 것을 정리하면서 자기가 점점 커지고 넓어진다.

2)무의식 흥분의 연속
- ◆늙지 않는다는 것에 흥분
- ◆에너지 떨어지지 않는다는 것에 흥분
- ◆영원히 해낼 수 있다는 생각에 흥분
- ◆자기에 대한 끝없는 기대에 흥분
- ◆자기가 귀하게 여겨진다는 것에 대한 흥분

3)무의식 변화의 연속
- ◆언제든지 사랑 때문에 변신할 수 있고, 언제든지 사랑을 위해 못할 것이 없다.
- ◆언제든지 꿈 때문에 변신할 수 있고, 언제든지 꿈을 위해 못할 것이

없다.
- ◆ 언제든지 자기의 깨달음을 위해 변신할 수 있고, 언제든지 깨달음을 위해 못할 것이 없다.
- ◆ 언제든지 살고 죽을 수 있다면 변신할 수 있고, 언제든지 건강하게 살기 위해서는 못할 것이 없다.
- ◆ 언제든지 자기를 보고 느낄 수 있다면 변신할 수 있고, 언제든지 자기를 통합하기 위해서는 못할 것이 없다.

2. 세상 사람들 성공할 수 있는 컨텐츠 나눔

왠지 요즘은 마그마힐링을 하지 않으면 안 될 것 같은 예감이 든다. 누구나 다 자기로 잘 살아가고자 하고, 또 자기가 통합되어 일을 하고 즐기기 위해 존재하는 것 같다. 최근 인터넷이나 SNS에 노출되는 정도로는 도저히 자기 통합된 힘을 갖추지 못하면 고통스런 시간을 보낼 것 같은 예감이다. 누구도 막을 수 없는 무의식의 범위는 어느 선까지 정보가 노출되어야 하는지도 모르게 인간의 조절 수위가 점점 높아지고 있다.

암튼 마그마숲의 마그마힐링 프로그램은 어느 범위, 어느 선까지가 없다. 그리고 어느 대상도 구분이 없다. 그래서 사람들의 심리를 돌보는 치유에서부터 성장까지라고 해도 괜찮다.

1) 마그마힐링 프로그램 열린 강좌 컨텐츠
- ◆ 부모교육
- ◆ 학교 학생 및 교사
- ◆ 공 기관 종사자
- ◆ 병원, 복지관 종사자
- ◆ 종교시설

2) 마그마힐링 사업 컨텐츠

- ◆ 마그마힐링 카페
- ◆ 마그마힐링 상담
- ◆ 마그마힐링 교육
- ◆ 마그마힐링 상품
- ◆ 마그마힐링 전시관

3) 학술, 연구 컨텐츠

- ◆ 문양연구 및 디자인
- ◆ 문화, 예술의 정신
- ◆ 임상, 보급된 사례 연구
- ◆ 만다라, 꿈, 정신분석 심리 이론 연구
- ◆ 새로운 성장 프로그램 연구

〈꿈의 소통공간〉

꿈을 표현하고 적기

꿈을 표현하고 적기

꿈을 표현하고 적기

IX
미래를 통찰하며 낭비 없는 삶을
나누며 살아보기

IX
미래를 통찰하며 낭비 없는 삶을 나누며 살아보기

하루의 24시간 삶을 1년의 삶같이 살아갈 수 있을까?
통합된 삶은 충분히 가능하다고 하겠다.

1년 동안 살아간다고 해도 마음을 빼앗기는 삶을 살아간다면?
1시간 동안 마음을 빼앗기지 않고 집중해서 1년을 살아갈 수 있는 생산된 일을 한다고 하면 무조건 가능한 일이 되겠다.

그러면 누구라도 이 희망을 버리지 않기를 바란다.

1. 행복한 미래

당신은 지금 당장 꿈 분석에서 만다라를 보고, 그 느낌을 살려 생활에 도입과, 마음을 뺏는 일을 중단해야 할 시 어떻게 할까?

※당장 마음 빼앗기는 일을 그만두고 새로운 자기에게 집중한다.(O, X)
※두고 보면서 시간을 보내면서 기다리다가 잊어버리고 또 해결방법을 찾는다.(O, X)

1) 인간의 행복조건
- ◆실천의 목적으로 만다라 꿈 분석을 한다.
- ◆변화의 목적으로 만다라 꿈 분석을 한다.
- ◆급한 일을 결정해야 할 때 꿈 분석을 한다.
- ◆문제를 해결되어야 할 때 꿈 분석을 한다.
- ◆오랜 시간 지루해 질 때 꿈 분석을 한다.

2) 인간의 성공조건
- ◆무의식의 열정을 키운다.
- ◆현재하고 있는 일이 있어야 한다.
- ◆한계에 부딪치지 않는 스승을 찾는다.
- ◆투자할 때 과감하게 한다.
- ◆잘하고 좋아하면 끝까지 한다.

3) 인간의 완성조건
- ◆자기창조를 즐겨야 한다.
- ◆자기 확신으로 끝까지 간다.
- ◆자기 나눔이 교육으로 열어간다.
- ◆자기로부터 시작 세상전부를 상대로 펼친다.
- ◆끝까지 진실하게 나아간다.

2. 꽉 찬 미래

1) 존재를 밝히는 삶
- ◆늘 가벼운 마음이 들 때
- ◆쉬운 길을 가자고 권할 때
- ◆즐거움으로 자기를 만날 때

- ◆나눔을 펼칠 때
- ◆에너지를 느낄 때

2)존재 하는 삶
- ◆그대로 좋을 때
- ◆지금이 언제나 빛날 때
- ◆바로 시작할 때
- ◆멈춤이 속도로 느껴질 때
- ◆에너지가 유지될 때

3)존재를 얻는 삶
- ◆잉태가 창조라고 느껴질 때
- ◆탄생이 우주라고 느껴질 때
- ◆진화가 세상을 낳았다고 느껴질 때
- ◆생명이 나눔이라고 느껴질 때
- ◆부활이 다시 시작이라고 느껴질 때

3. 벅찬 미래

가장 추울 때? 가장 강력하게 마그마를 끌어올릴 수 있는 에너지다.
가장 더울 때? 가장 깊게 무의식을 열 수 있는 에너지다.

이 두 극과 극은 인간에게 가장 통합된 에너지를 줄 수 있는 계절이다.

1)성공심리 방문열기 1월
왼쪽 네 개의 방문을 열고 자신 있게 걸어온 자기 생활을 맞이하고 오른쪽 두개를 주저 없이 단칼에 배어 분리하듯, 시간 끌지 말고 자기선택을 믿고 나아가도록 했다.

◆ 결단
◆ 속도
◆ 확신

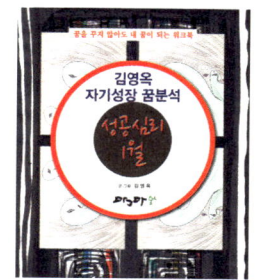

2) 리더심리 방문열기 2월

왼쪽은 기존 생각과 현재 생각들이 소통될 수 있도록 통로를 내고 오른쪽은 순간적으로 당황하지 않고 언제나 막힘없이 열수 있는 자기 영역을 확보한다.

◆ 과정
◆ 여유
◆ 순환

3) 공감심리 방문열기 3월

왼쪽은 중심을 강조해서 공감을 받고 오른쪽은 느끼고 있는 부분을 쉽고 가볍게 공감해 줄 수 있도록 했다.

◆ 부분
◆ 관심
◆ 보호

4) 긍정심리 방문열기 4월

왼쪽은 긍정적인 생각 일부분을 전체로 확장하고 오른쪽은 닫힌 부분을 지속적으로 열게 했다.

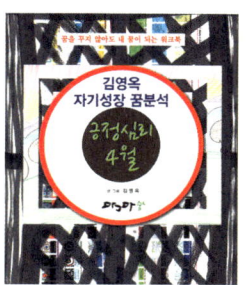

- ◆ 바람
- ◆ 펼침
- ◆ 열림

5)성취할 심리 방문열기 5월

왼쪽은 정상적으로 조정될 수 있는 기능을 더 키우고 오른쪽은 더 깊게 들어갈 수 있도록 내적에너지를 확보하게 했다.

- ◆ 자동
- ◆ 활발
- ◆ 탄력

6)생각심리 방문열기 6월

강인한 힘으로 양쪽에서 지켜주며 가운데 순하게 정서적으로 흘러 똑같이 안정되고 고요하게 생각할 수 있는 시간으로 밝음을 유지하도록 했다.

- ◆ 틀
- ◆ 기둥
- ◆ 바위

7)행동심리 방문열기 7월

왼쪽은 집중되는 강한 힘을 모아 움직이는데 온도를 높이고 오른쪽은 반대로 강한 어둠을 헤쳐 나오도록 하여 서로 상반된 것에서 하나되어 단순하게 움직이도록 하는 에너지를 형성하게 했다.

◆ 절정
◆ 흑백
◆ 무한

8) 희망심리 방문열기 8월

왼쪽은 가볍고 밝은 달처럼 둥글게 커져가는 단순한 마음으로 했고 오른쪽은 어둠에서도 밝은 달처럼 부담 없도록 했다.

◆ 이룸
◆ 완성
◆ 끝

9) 충동심리 방문열기 9월

왼쪽은 세상과 가볍게 소통하게 했고 오른쪽은 깊게 자리 잡고 있는 부분을 스피커를 통해 울러 퍼지는 것으로 내적으로 쌓여있지 않고 드러나도록 했다.

◆ 울림
◆ 큼
◆ 세상

10) 변동심리 방문열기 10월

왼쪽과 오른쪽의 분위기를 함께 일어나 분주하게 느끼도록 했고 그 에너지로 활개를 펼쳐 자유자재로 속도내서 활동 영역을 키우도록 했다.

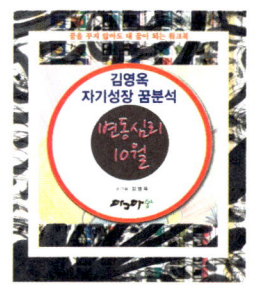

◆ 중심으로 확장

- ◆ 분에서 전체
- ◆ 나눔에서 완성

11) 대박심리 방문열기 11월

왼쪽은 마무리 짓고 다음을 여는데 강력한 합일점을 찾게 했고 오른쪽은 보다 더 크게 성장하도록 이끌며 강력하게 성공을 거두는 힘을 갖게 했다.

- ◆ 전력
- ◆ 정상
- ◆ 승리

12) 영웅심리 방문열기 12월

전체 배경을 여유롭게 그리고 지극히 평화를 노래하게 했고 언제 어디서든 세상과 함께 나눌 수 있도록 분위기를 느끼며 고요함 속에 대범하게 드러내도록 했다.

- ◆ 출발
- ◆ 계획
- ◆ 도전

4. 김영옥 자기완성 '리더' 꿈 분석 실제

1월 4일 새벽 6시쯤 꿈이 생각났다.

꿈에서도 시간이 지나갈수록 찝찝한 부정적 감정이 생겨 신경이 쓰였다. 꿈을 깨고 나서도 이런저런 생각으로 난 현실의 것이 스트레스 받는 것을 해결하려고 했다. 현실에서 조정 가능하겠지라고만 하고 있는데 복잡한 생각에 어제밤 책 편집이 떠올라 곧 바로 폰으로 자료를 다운받아 제 꿈을 표현하고, 적고, 느낌대로 진행했다.

1월 4일 새벽 6시 36분 1월 성공심리 워크북 1월 3일 꿈 선택!

꿈 분석 실제
1차진행

- 워크북을 보는 순간!
  가슴이 답답한 몽이를 빨리 꺼내주려고 몽이 얼굴이 드러나게 했다. 몽이가 울고 있는 듯 했고, 약간 현실의 삶이 불편한 듯 보여 다시 꿈을 적으면서 장면을 떠올렸다.

2차진행

- 다시 몽이 머리를 드러내는데 몸과 발이 되어 빠져나오는 모습이다. 이때 안심을 하며 몽이 머리는 가볍게 드러났고, 창 밖으로 약간의 어둠 같이 꿈 속 두려움이 빠져나오면서 해결됨.

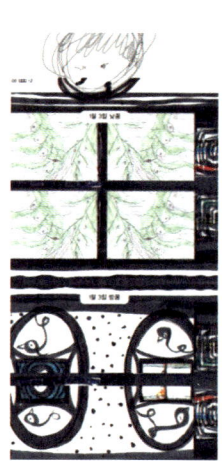

3차진행 느낌 성찰

- 꿈만 생각하고 있었더라면 찝찝했던 부정적 감정에 휘말려 현실이 부정에 크게 지배 되었겠지만

곧 바로 찾은 에너지로 책편집에 힘을 보태게 된다.

4차진행 현실에 곧 바로 에너지 확보
- 책에 대한 확신이 들었다.
- 책을 미리 경험되어 두려움을 벗어나 2020년 대중소통에 희망을 기대했다.
- 시작전과 시작후는 전혀 다른 자기 통찰이 된 느낌이다.
- 막연했는데 확실했다.

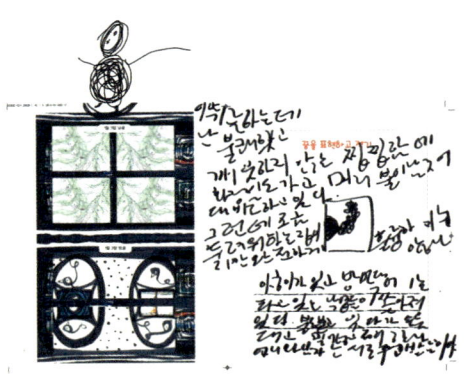

7시 3분에 종료
1시간 동안 찾은 에너지를 활용될수 있도록 새로운 책 출간의 대한 확신을 얻게 되었다.

꿈 내용!
많은 사람들이 왔다갔다하는 상황에 나는 관리자로 화장실도 다니면서 분주하지만 한 공간 아궁이로 불이 붙기 시작한다. 불이 잘 타서 약간 번질까봐 염려하기도 조금 두려워 하기도 한다. 또 다시 난 그 주변을 돌아보며 신중하게 점검하러 들어왔다 갔다 하면서 잠에서 깸

    불 - 하고 있는 일에 자연스러운 확장
    언니 - 오래 되어 탄력 잃은 의식 감정
    언니의 상대남자 - 상처받고 오래되어 약한 정신력
    화장실 - 현실 스트레스 풀어야 되는 가스찬 상황
    두려운 감정 - 부정이 잠재 되어 있는 상태

X

꿈 1막 열기

통찰의 힘

꿈 생동하는 아침

꿈 1막 열기

꿈 보며 일어나는 아침

꿈 1막 열기

꿈 시작하는 아침

꿈 1막 열기

꿈 시작하는 밤

꿈 1막 열기

꿈 통찰하는 오후

꿈을 표현하고 적기

꿈 일으키는 오후

꿈 1막 열기

꿈 일어나는 오후

꿈 1막 열기

꿈 활동하는 저녁

꿈 활발해지는 저녁

꿈 통합하는 밤

꿈을 표현하고 적기

꿈 안정되는 깊은 밤

꿈 1막 열기

꿈 안식하는 깊은 밤

꿈 1막 열기

꿈이 올라오는 새벽

꿈 1막 열기

꿈이 떠오르는 새벽

꿈 1막 열기
___

꿈이 절정으로 떠오르는 오후

꿈을 표현하고 적기

꿈을 펼치는 오전

꿈 1막 열기

꿈이 번지게하는 오전

꿈 1막 열기

꿈을 사랑하는 밤

꿈 1막 열기

꿈을 꾸며 사랑하는 밤

꿈 1막 열기

꿈과 밤을 하나!

꿈을 표현하고 적기

_____

_____

_____

꿈이 자라는 젊음!

꿈 1막 열기

꿈이 성장하는 젊음!

꿈 1막 열기
───

꿈을 표현하고 적기

XI

꿈 2막 열기

김영옥 꿈분석 꿈의 진실

꿈의 소통
꿈의 세상
꿈의 열림
꿈의 전개
꿈의 꿈꿈

꿈의 소통 1일 오전

상상적기

꿈의 소통 1일 오후

상상적기

꿈의 소통 2일 오전

상상적기

꿈의 소통 2일 오후

상상적기
___

꿈의 소통 3일째

꿈을 표현하고 적기

꿈의 세상 1일 오전

상상적기

꿈의 세상 1일 오후

상상적기
___

꿈의 세상 2일 오전

상상적기

꿈의 세상 2일 오후

상상적기

꿈을 표현하고 적기

꿈의 열림 1일 오전

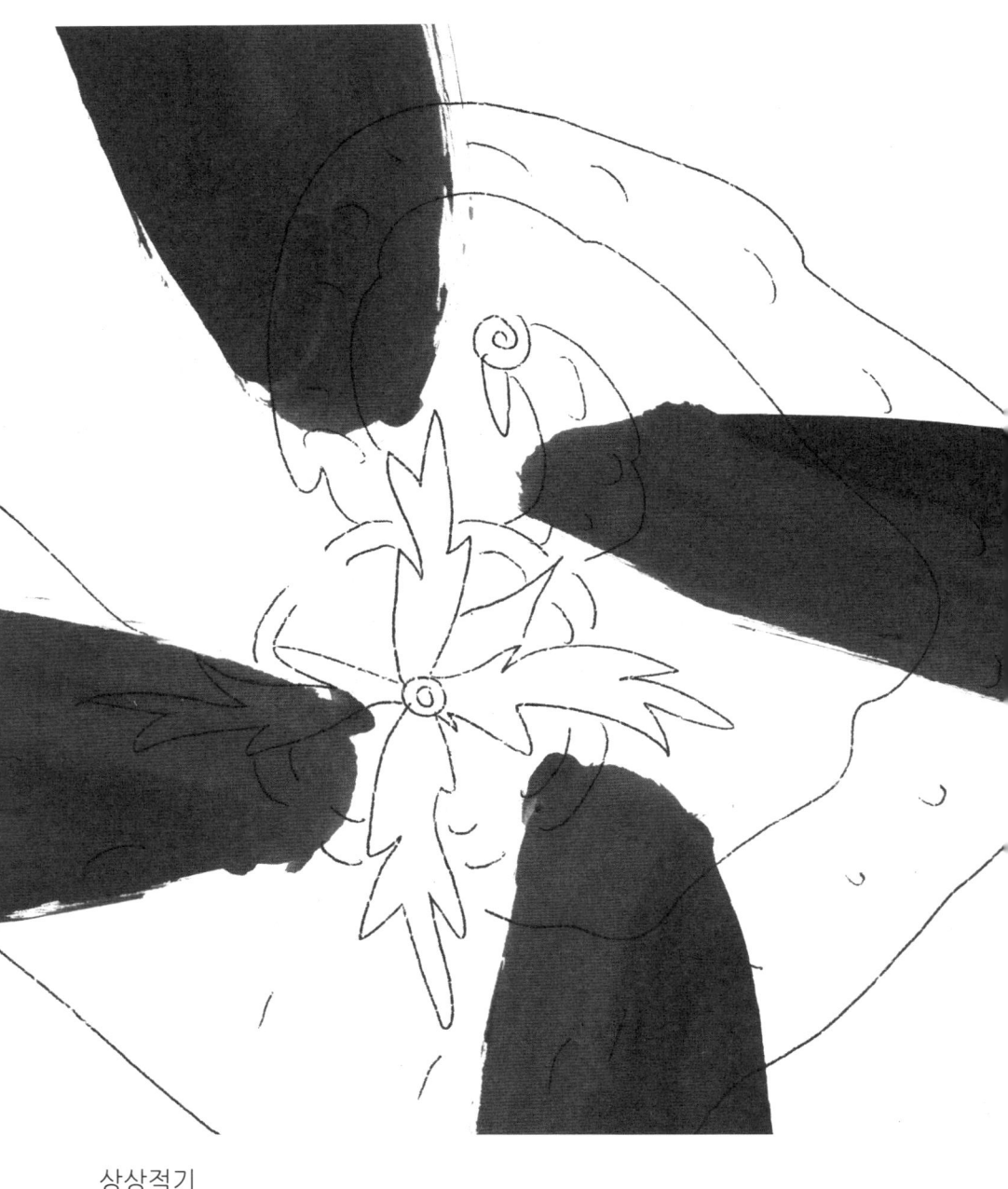

상상적기
___

꿈의 열림 1일 오후

상상적기

꿈의 열림 2일 오전

상상적기

꿈의 열림 2일 오후

상상적기

꿈의 열림 3일째

꿈을 표현하고 적기

꿈의 전개 1일 오전

상상적기

꿈의 전개 1일 오후

상상적기

꿈의 전개 2일 오전

상상적기

꿈의 전개 2일 오후

상상적기
___

꿈을 표현하고 적기

꿈의 꿈꿈 1일 오전

상상적기

꿈의 꿈꿈 1일 오후

상상적기
___

꿈의 꿈꿈 2일 오전

상상적기
___

꿈의 꿈꿈 2일 오후

상상적기

꿈의 꿈꿈 3일째

꿈을 표현하고 적기

XII

꿈 3막 열기
김영옥 꿈분석 미래를 여는 꿈

금빛 꿈
태양 꿈
달빛 꿈
별빛 꿈
은빛 꿈

금빛 꿈 1일 오전

금빛 꿈 1일 오후

금빛 꿈 2일 오전

금빛 꿈 2일 오후

금빛 꿈 3일 오전

금빛 꿈 3일 오후

금빛 꿈 4일 오전

금빛 꿈 4일 오후

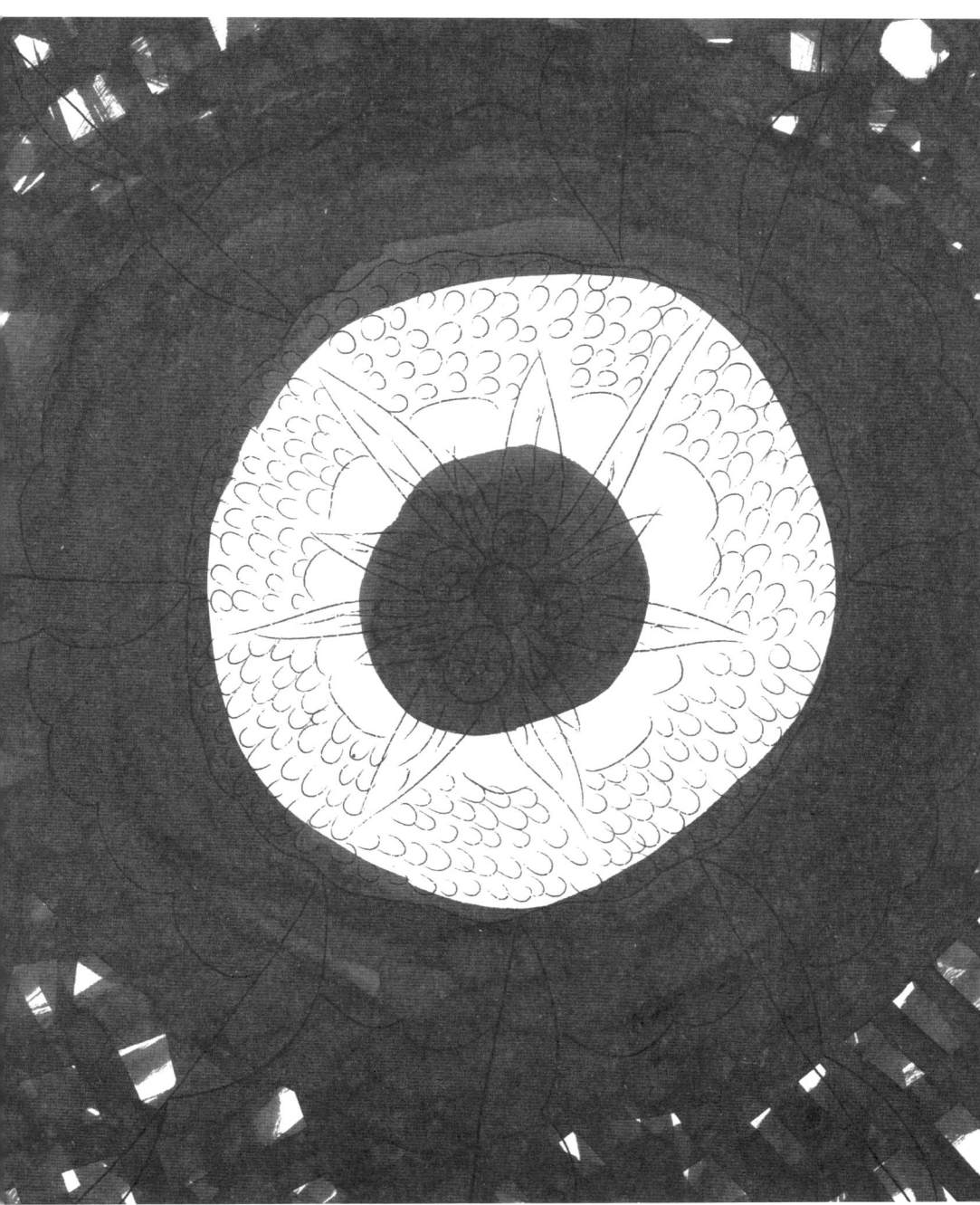

금빛 꿈 5일 오전

금빛 꿈 5일 오후

금빛 꿈 6일 오전

금빛 꿈 6일 오후

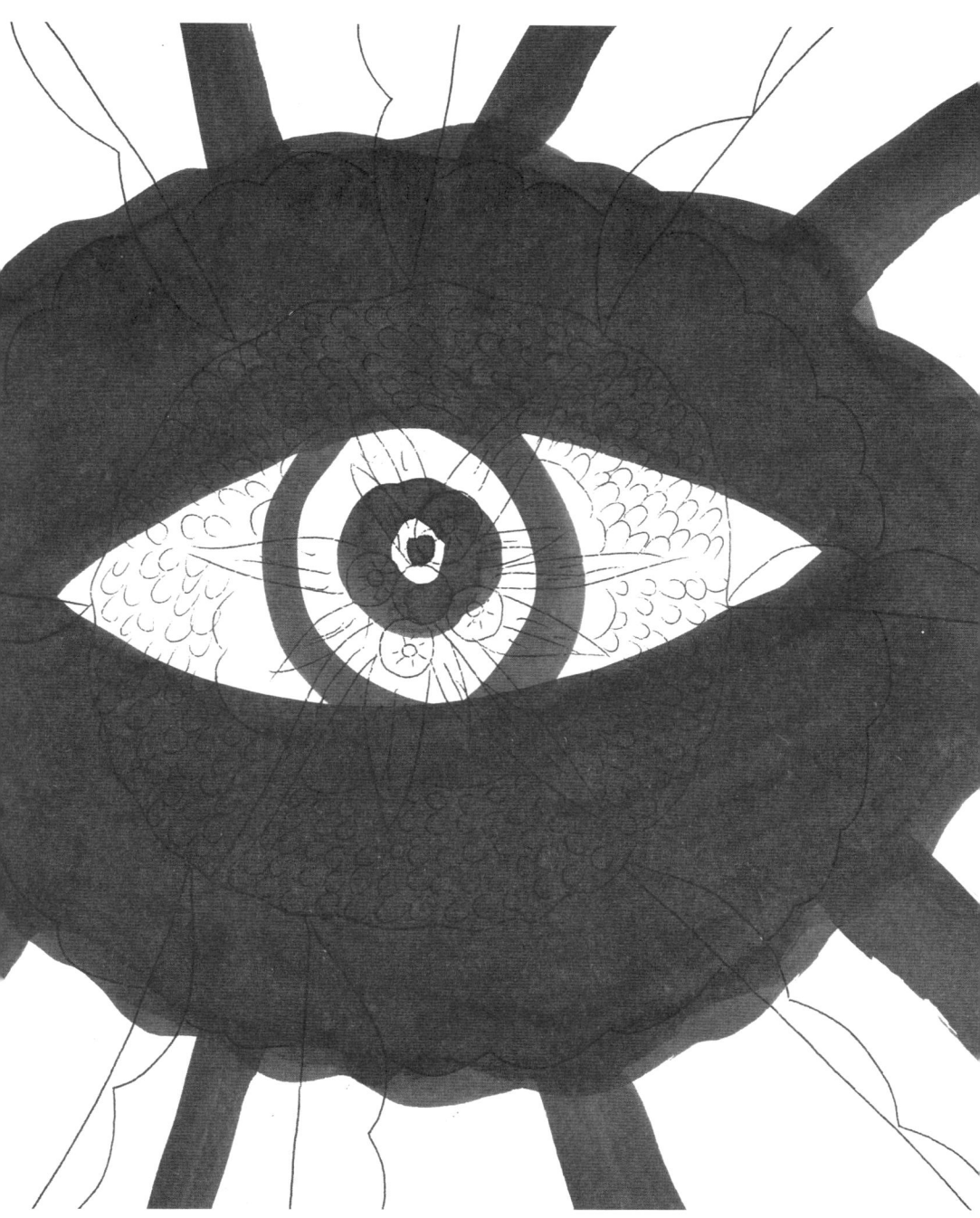

금빛 꿈 7일 오전

금빛 꿈 7일 오후

금빛 꿈 8일 오전

금빛 꿈 8일 오후

태양 꿈 1일 오전

태양 꿈 1일 오후

태양 꿈 2일 오전

태양 꿈 2일 오후

태양 꿈 3일 오전

태양 꿈 3일 오후

태양 꿈 4일 오전

태양 꿈 4일 오후

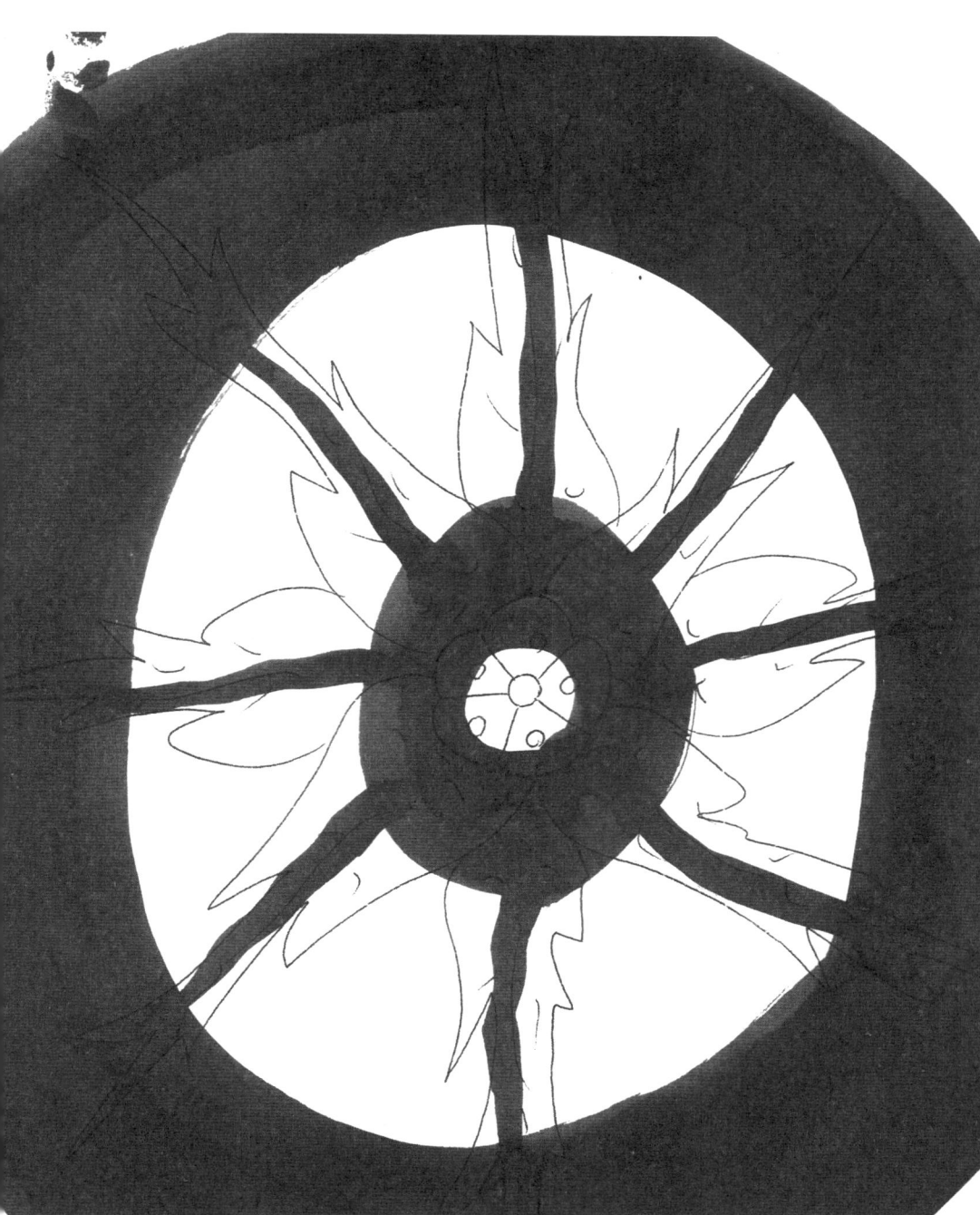

태양 꿈 5일 오전

태양 꿈 5일 오후

태양 꿈 6일 오전

태양 꿈 6일 오후

태양 꿈 7일 오전

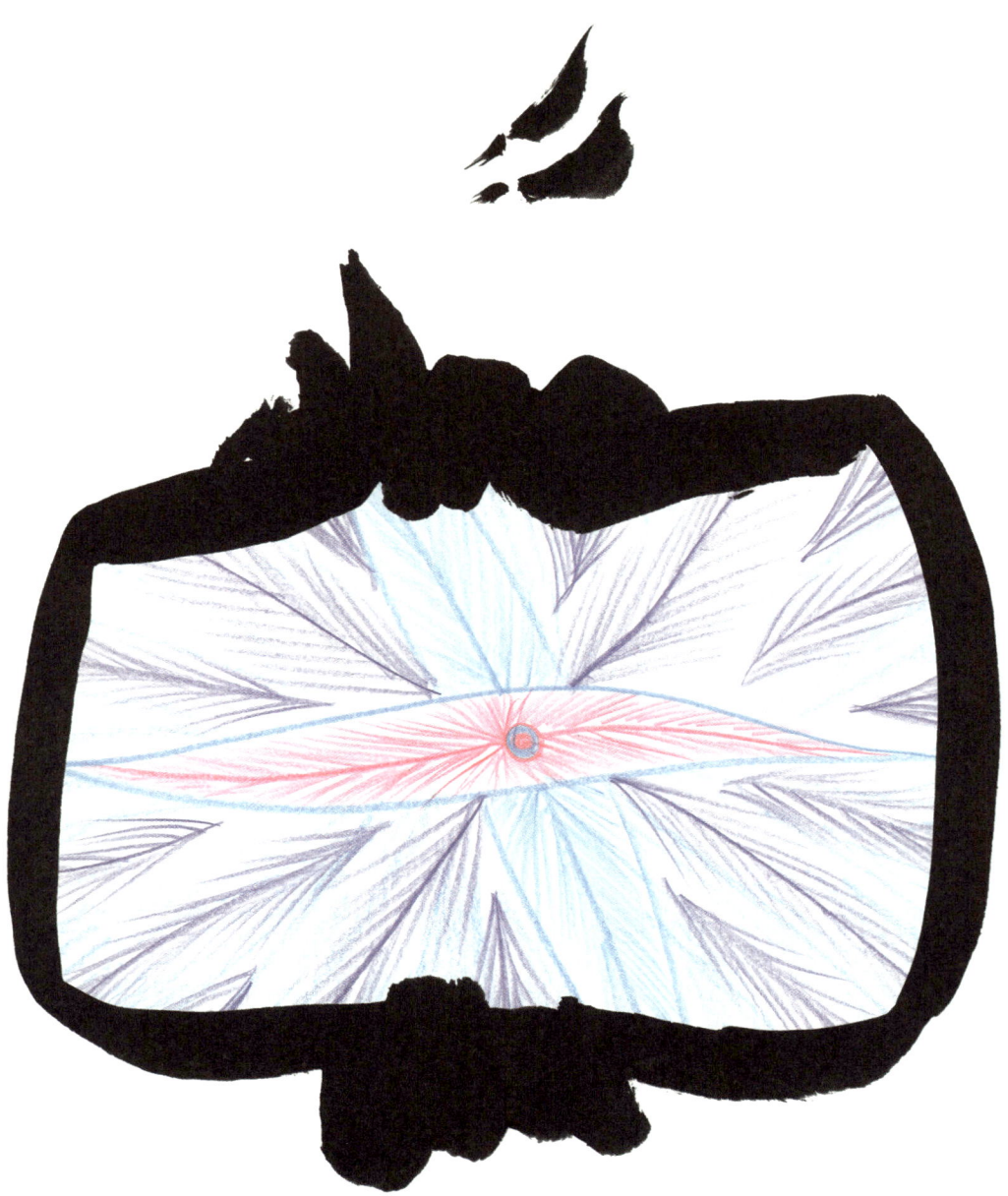

태양 꿈 7일 오후

태양 꿈 8일 오전

태양 꿈 8일 오후

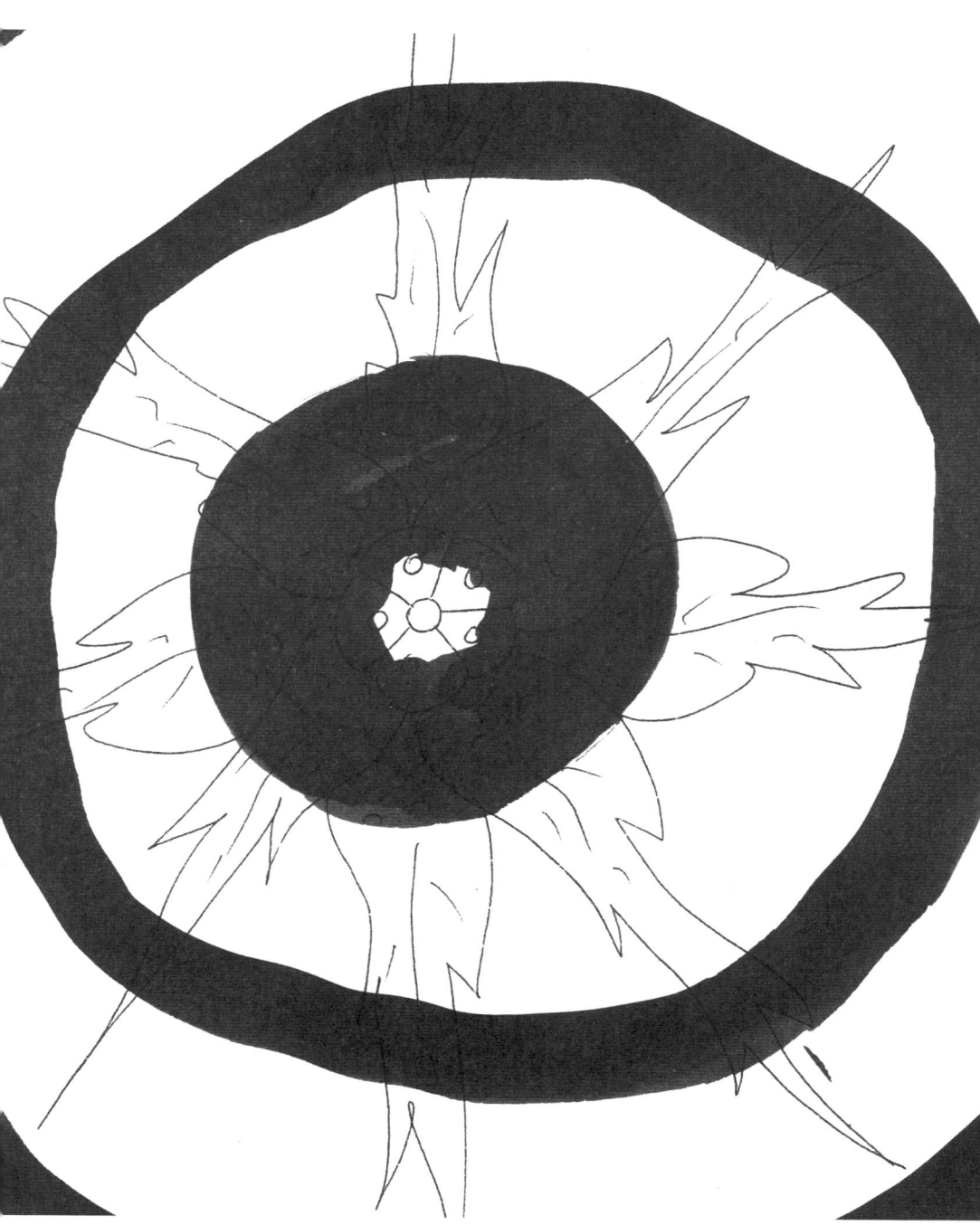

달빛 꿈 1일 오전

달빛 꿈 1일 오후

달빛 꿈 2일 오전

달빛 꿈 2일 오후

달빛 꿈 3일 오전

달빛 꿈 3일 오후

달빛 꿈 4일 오전

달빛 꿈 4일 오후

달빛 꿈 5일 오전

달빛 꿈 5일 오후

달빛 꿈 6일 오전

달빛 꿈 6일 오후

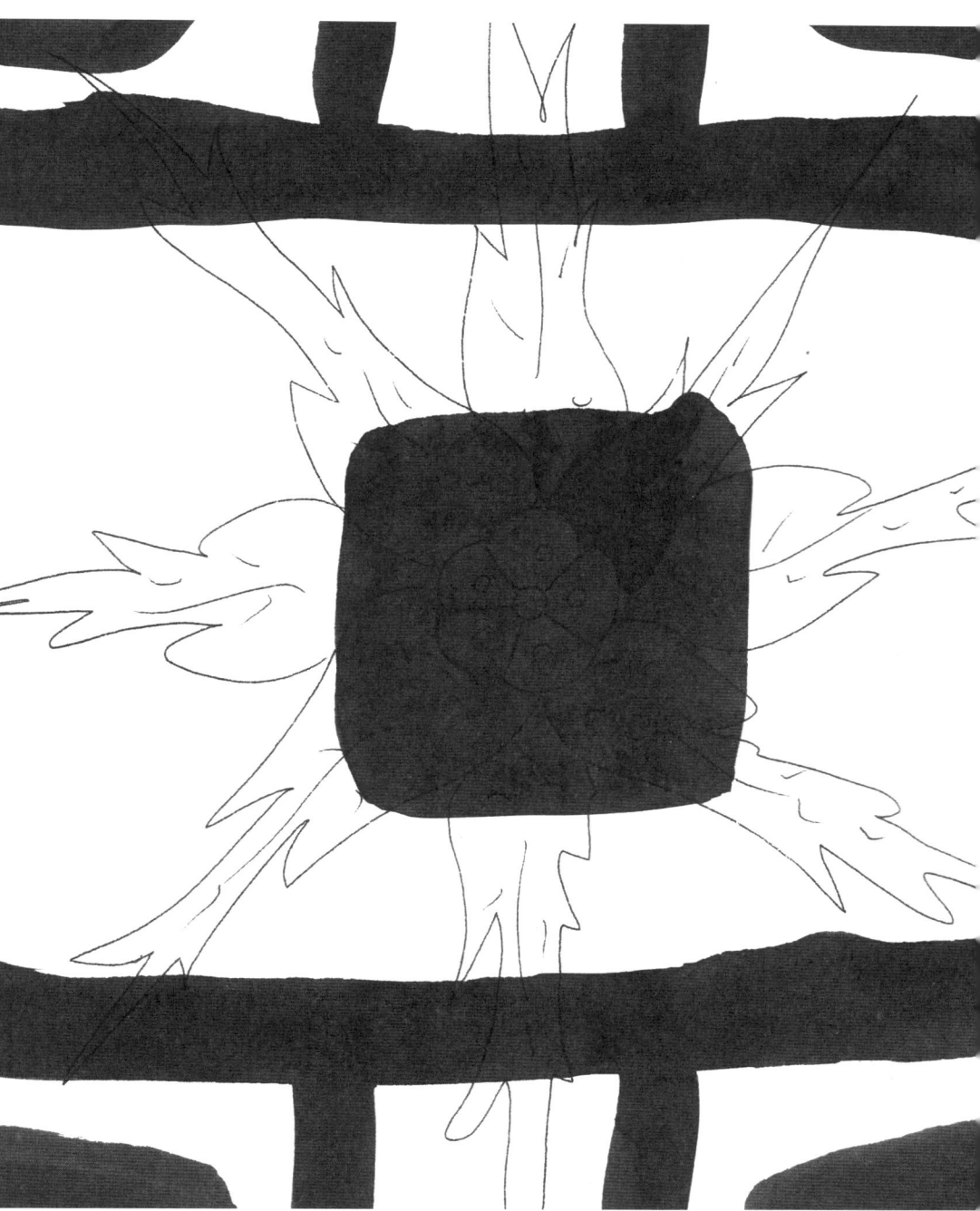

달빛 꿈 7일 오전

달빛 꿈 7일 오후

달빛 꿈 8일 오전

달빛 꿈 8일 오후

별빛 꿈 1일 오전

별빛 꿈 1일 오후

별빛 꿈 2일 오전

별빛 꿈 2일 오후

별빛 꿈 3일 오전

별빛 꿈 3일 오후

별빛 꿈 4일 오전

별빛 꿈 4일 오후

별빛 꿈 5일 오전

별빛 꿈 5일 오후

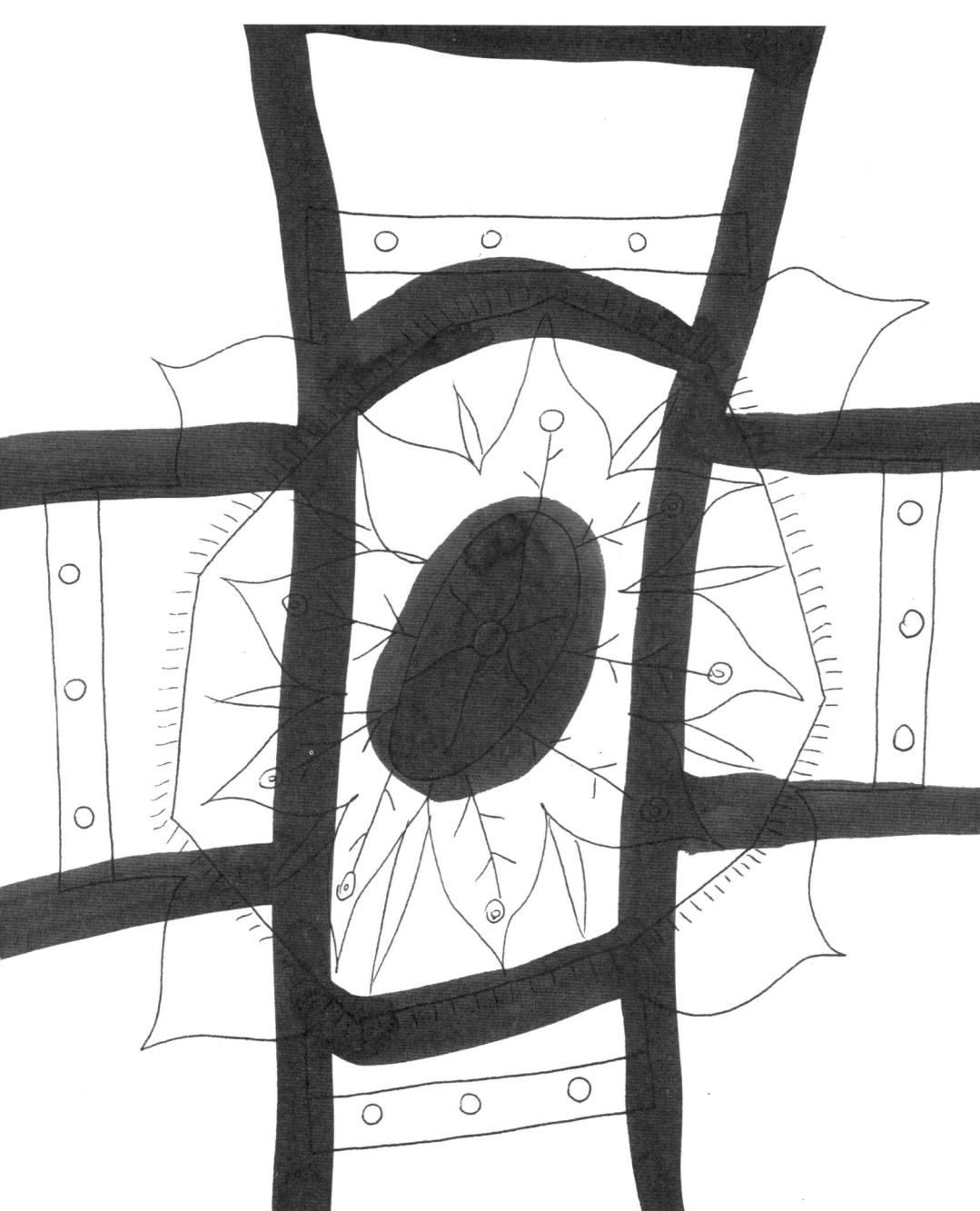

별빛 꿈 6일 오전

별빛 꿈 6일 오후

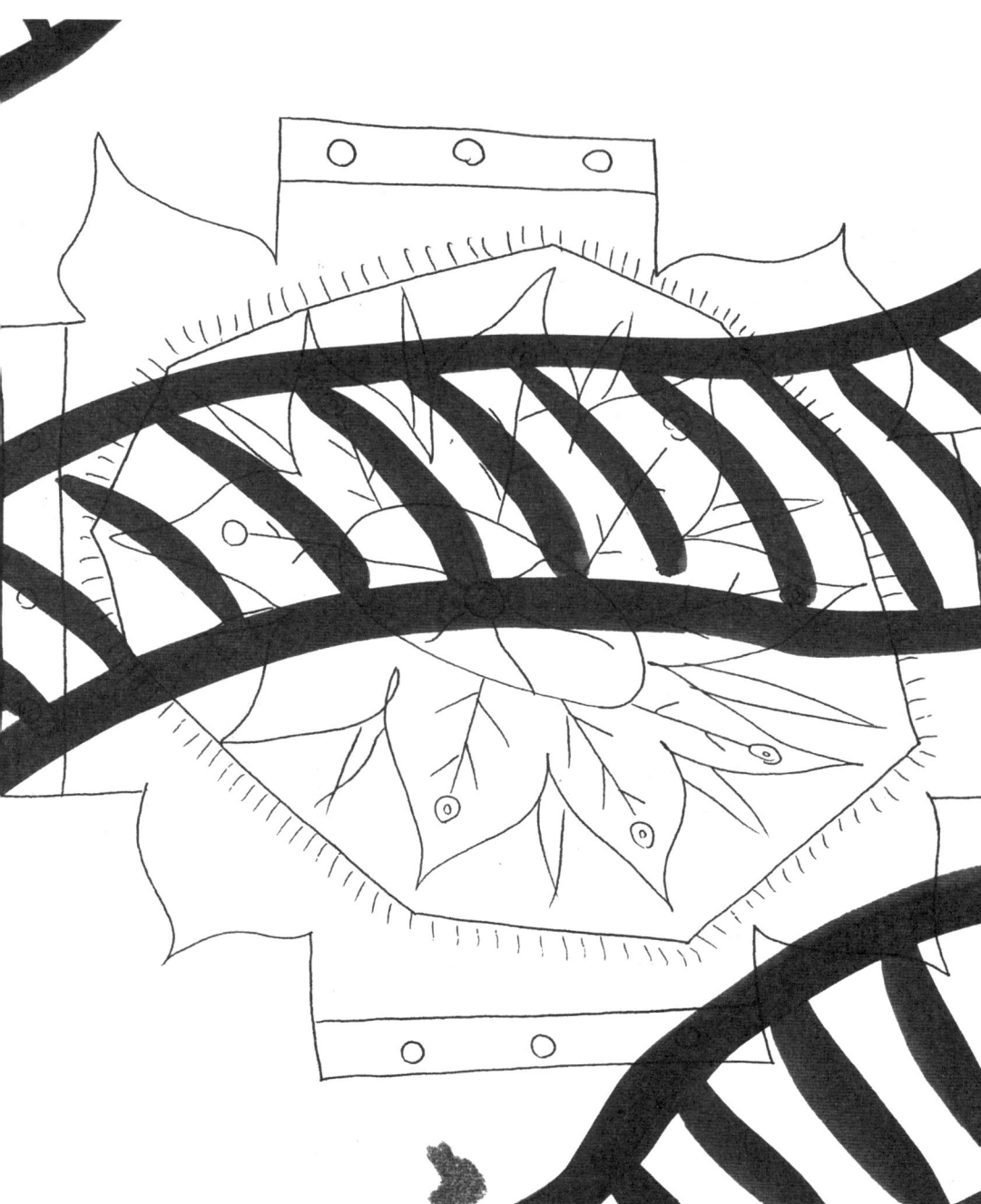

별빛 꿈 7일 오전

별빛 꿈 7일 오후

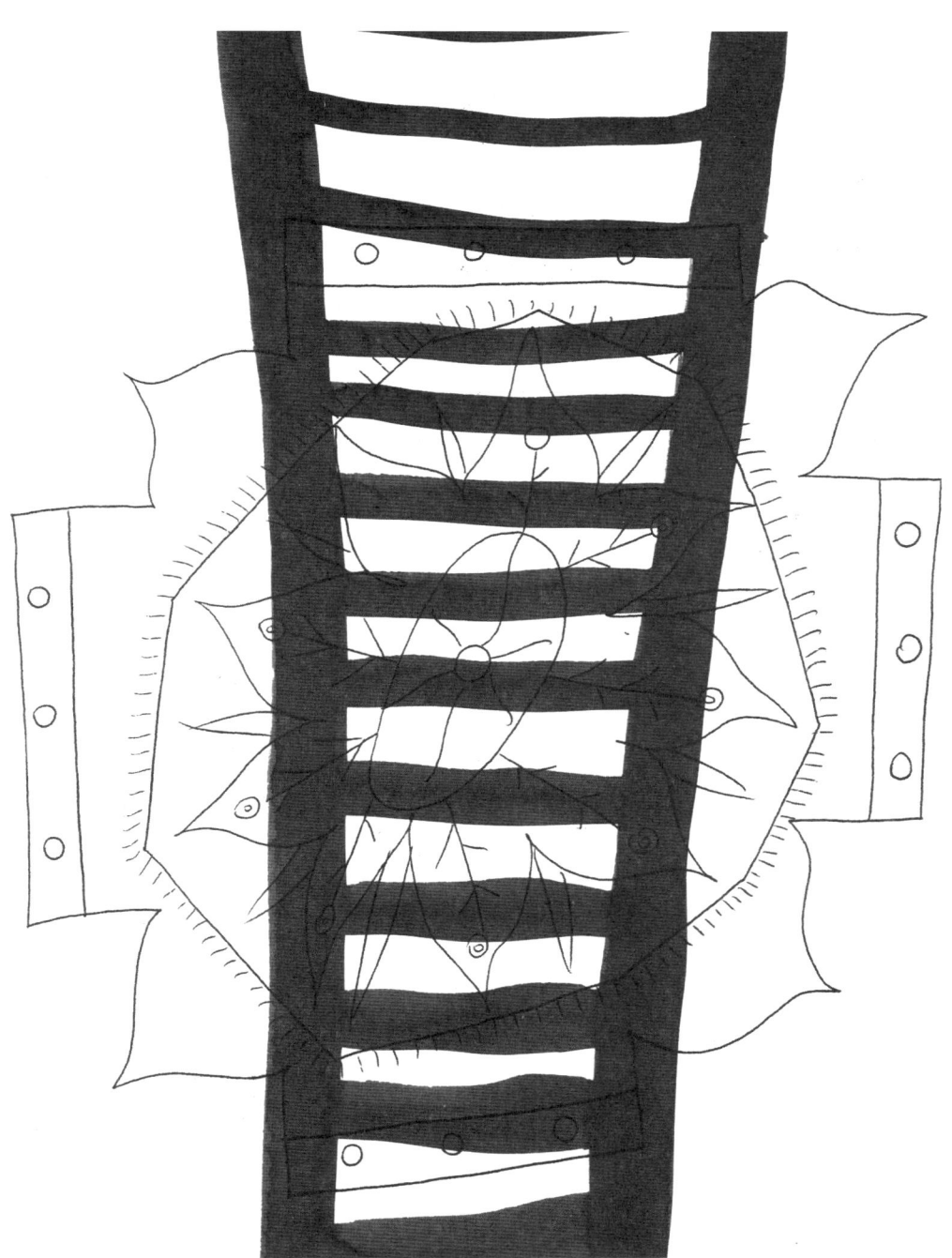

별빛 꿈 8일 오전

별빛 꿈 8일 오후

은빛 꿈 1일 오전

은빛 꿈 1일 오후

은빛 꿈 2일 오전

은빛 꿈 2일 오후

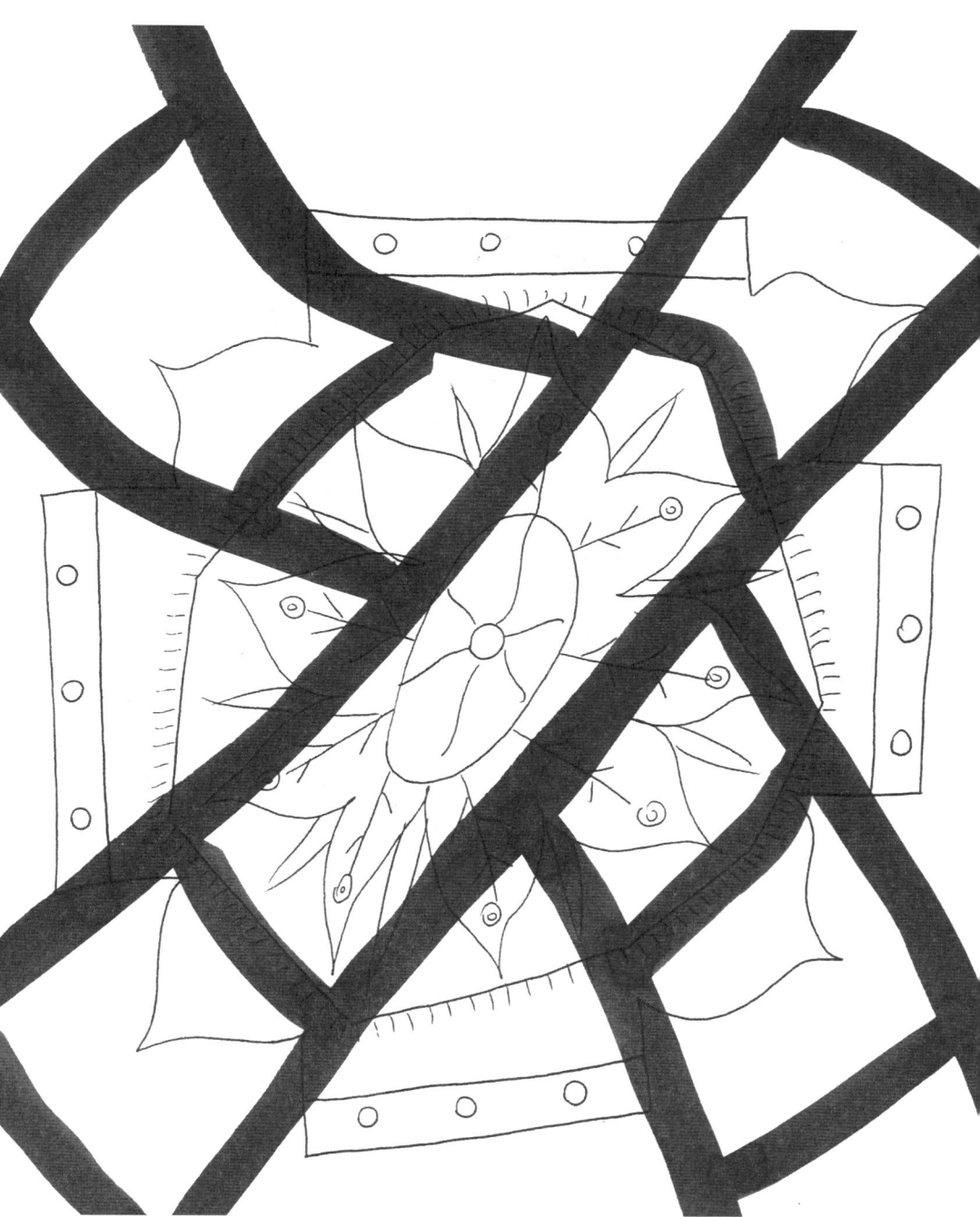

은빛 꿈 3일 오전

은빛 꿈 3일 오후

은빛 꿈 4일 오전

은빛 꿈 4일 오후

은빛 꿈 5일 오전

은빛 꿈 5일 오후

은빛 꿈 6일 오전

은빛 꿈 6일 오후

은빛 꿈 7일 오전

은빛 꿈 7일 오후

은빛 꿈 8일 오전

은빛 꿈 8일 오후

꿈을 표현하고 적기

XIII

마그마힐링이란?
김영옥만다라 꿈 분석에서

MAGMA healing (마그마힐링)이란?

제출자 **박 은 경** (서울3기)

1. MAGMA healing (마그마힐링)
※마음에 응어리 그림으로 치유하는 마당

2. 내가 생각하는 Mandala는?
※만다라라는 말을 들어보았나요?
※평소 내가 알고 있는 만다라는 무엇인가요?

3. Mandala의 정의
※본질을 뜻하는 완전함이다.
※의식, 무의식을 두루 비추는 둥근 거울이다.
※치유와 통합을 이끄는 그림이다.
※자연의 원리, 생명의 힘, 존재의 의미라 할 수 있다.
※하나의 근원으로 향하는 완전한 세계이다.

4. Mandala의 이해
※치유능력을 가진 원모양, 즉 완전한 세계를 이끈다는 뜻이다.
※인간과 우주의 전체성을 상징하는 만다라는 우주의 진리를 기하학적인

형태로 표현했다.
※수도자들이 깨달음을 얻기 위해 만다라를 사용해 왔다.

5. 칼 구스티브 융 (Carl G. Jung)
※서양인들에게 최초로 만다라를 소개하였다.
※만다라의 기본 구조를 서양의 연금술적인 전통과 결합하여 만다라를 재정립했다.
※만다라가 인간 내면에 주는 의미를 탐구했고 자신의 내면의 번뇌와 개인적 문제를 만다라 그리기를 통해 치유했다.
※만다라 그리기가 환자들의 자존감 회복과 개별성 확립에 도움이 된다고 판단했으며 심리분석 및 치료의 수단으로 사용했다.

6. Mandala는?
※특정한 틀이 없으며 무의식을 통찰해서 완성시켜 나가는 길이다.
※통합된 마음을 이끌어가는 과정이다.
※부분도 완성이면 전체도 완성이다. 그러므로 부분이 깨어지면 전체도 깨어진다.
※작은 것을 가지고 가더라도 전체로 가게 된다. 왜냐하면 본질(자기의 길)로 가기 때문이다.

7. 김영옥 Mandala는?
※점에서 출발한다.
※점-선-면-입체가 되어서 운동을 하고, 운동이 집단이 되는 과정을 상징으로 만들었다.
※그 상징들을 주제별로 묶어냈다.
※"어떻게 하면 나는 찾을 수 있을까?"의 이 질문의 해답은 무의식의 상징과 의식의 재통합속에서 그 의미를 찾을 수 있다. 이것이 만다라이다.
※만다라는 마지막 완성된 단계인 자유로운 정신적 체험을 이루게 된다.

8. 만다라 상징 분석이란?
※ 만다라 상징 분석은 만다라를 통해 무의식으로 표현된 상징을 어느 것에도 치우치지 않게 내적 갈등 심리를 찾아내어 분명한 통찰을 일으키게 하는 것이다. 이로써 갈등이 해결되고 앞으로 나아가게 된다.

무의식 상징이란?
※ 마음에 자리 잡고 있었던 무질서한 감정들이 만다라에 자유롭게 이미지로 표현되어 드러난 것이다.

9. MAGMA healing
※ 마음속 깊이 용암처럼 녹아있어 언제든지 불쑥불쑥 나타나는 알 수 없는 것을 찾아내어 통찰한다.
※ 보는 것만으로도 마음의 치유가 되는 그림이 있다. 이것이 만다라이다.
※ Mandala Auto – Governing Mind's Anger (마음의 상처를 스스로 치유하는 만다라)
　모든 사람의 치유와 각성의 도구로서 다양한 계층과 문제의 현장들을 찾아다니며 임상하였다. 이 과정을 MAGMA healing이라고 이름을 붙였다.

10. Mandala를 통한 치유
※ 마그마 힐링을 통해 작가의 심상과 우리들의 심상이 만나 하나가 되어 새로운 마그마 숲이 된다.
※ 마그마 숲에서 또 다른 만다라가 탄생한다.
※ 자신이 만다라를 그려보면 자신의 진짜 모습이 조금씩 드러난다.

11. MAGMA healing 의 효과에 대한 연구 평가
※ 만다라 감상을 통해 마음이 쉽게 열린다.
※ 자신을 만나고자 하는 에너지를 발견한다.
※ 불안, 걱정, 스트레스가 스스로 다스려 진다.

※집중하는 힘이 점점 내적으로 향한다.
※주변을 의식하지 않고 적극적인 표현을 하제 된다.
※왜곡된 부분을 제대로 살펴보게 된다.
※조화와 균형을 잡게 된다.
※자신의 무의식을 두려움 없이 마주하게 된다.
※새로운 경험으로 충만함을 가진다.
※활기와 생기가 되살아 난다.

12. 만다라 치유단계
※자기 인식
※자기 이해
※자기 도전
※자기 변화
※자기 성장
※자기 실현
※자기 초월

13. MAGMA healing 이럴 때 해보세요.
※외적 갈등이 있을 때 : 인간관계에서 생기는 배신, 실망, 좌절, 소외감 등…
 - 허전함이 오는 것 같다.
 - 집중이 잘 되지 않는다.
 - 불안과 두려움이 밀려온다.
※내적 갈등이 있을 때 : 자기로부터 일어나는 목표, 성취, 극복, 이룸에 관련하여…
 - 목표가 없다.
 - 하고자 하는 일이 시간이 많이 걸린다.
 - 더 이상 발전이 되지 않는다.

− 살아가는 것이 흥미롭지 않다.

14. 처음으로 접하는 만다라 작업에 대해
※무의식 그림자 만다라는? : 삶의 길을 밝혀 준다.
   − 이야기속의 원형 만다라
   − 대화를 통해 소통하는 만다라
   − 상처를 극복하는 만다라
   − 성찰하는 만다라
   − 희망을 꿈꾸는 만다라

15. 그림자를 밝히는 만다라
   − 이야기속의 원형 만다라 : 보호받고 싶다고 느껴질 때 선택한다.
     원형 속에 또 따른 자기의 상징을 이야기로 만나는 과정이다.
   − 대화를 통해 소통하는 만다라 : 답답하다고 느껴질 때 선택한다.
     마주 바라보면서 열린 입으로 대화를 시도하는 다양한 입과 표정을 느낄 수 있다.
   − 상처를 극복하는 만다라 : 상처를 회복하고 싶을 때 선택한다.
     굳게 다문 입에서 힘을 모아 응어리를 찾고 고통과 상처를 극복해 나가고 있는 모습을 느낄 수 있다.
   − 성찰하는 만다라 : 내적인 힘을 갖고 싶을 때 선택한다.
     큰 얼굴과 큰 눈을 바라보며 입을 다문 채로 말하지 않고 깊은 생각을 통해 자신의 표정을 만나고 느낄 수 있다.
   − 희망을 꿈꾸는 만다라 : 꿈을 갖고 싶을 때 선택한다.
     하나가 된 마음으로 같은 곳을 바라보며 활짝 웃는 표정의 순수한 에너지를 느낄 수 있다.

16. Work book(워크북)의 효과
※마음의 힘 갖기

※삶의 응어리 풀기
※삶의 활력 증진 및 우울증 해소
※나 찾기

〈그림자를 밝히는 만다라수업-Feedback 듣기〉

김영옥만다라 꿈 분석에서

배 상 희

꿈 분석 사례 1(2018년 2월)

원장님, 선생님들이 숲속에 함께 모여 있었다. 어떤 이유로 내가 늦게 되었다. 선생님들이 늦게 오는 나에게 준다고 접시에 먹을 음식을 담아 놓았다. 숲길을 걸어가고 있는데 장난감 가게가 있었는데 곰돌이 인형이 줄에 걸려 있던 것만 기억이 난다. 그리고 또 길을 정희숙샘과 함께 가고 있는데 갑자기 정희숙샘이 눈으로 쌓여 덮인 눈덩이 위로 떨어졌다. 너무 깊은 낭떠러지라 모습은 보이지 않았지만 '눈덩이에 빠지셨구나'라고 생각하며 놀라서 깼다. 난 어떻게 했을까 나 혼자 상상하다가 혼자서 길을 걸어가는 모습을 그려 넣음

곰돌이 상징은 표현하지 못한 것이 있는데 답답한 감정을 장식으로 걸어 놓은 것이다. 그래서 내 감정이 아닌 것 같이 느꼈다. 감정은 풀어야 하고 소통의 수단으로 써야 한다. 감정과 소통이 되어야 생동감이 생긴다. 그러면 인생은 상상한 대로 다 이루어진다. 성인군자가 되려는

마음을 내려놓으면 인생이 상상한 대로 다 이룰 수 있게 된다. 곰돌이 인형의 배를 갈라 가스가 빼 주었음.

꿈 분석 사례 2(2018년 3월 4일)

세금을 안 냈다고 나와 다른 사람 2명이 감옥에 갇혔다. 이미 감옥 안에 2명이 더 있었다. 내가 2덩이의 똥을 누었다. 그 똥이 물에 풀어져 분해되며 흘러내려갔다. 무서움에 떨고 있었는데 감옥에 있던 어떤 사람이 발가락으로 감옥문을 열어줘 내가 탈출했다. 감옥에 있는 분은 고문을 당하는지 비명 소리가 들렸다. 나는~~~

남성성의 발로 감옥 문을 열은 것이다.
정신의 억압과 마비된 감정을 풀어 낸 것이다.

꿈 분석 사례 3(2018년 4월 6일)

어떤 아저씨가 꿩을 사냥하여 한 손에 들고 산에서 나오는 모습.
아침에 실제로 라디오를 듣고 있는데 FM '김영철 파워 FM'에서 이런 멘트가 나왔다. "꿩 먹고 알 먹고'의 멘트를 들으니 잊었던 꿈이 생각나서 꿈을 그렸다.

꿩이 날아다니는 대신에 기어 다님. 확실하지 않은 어정쩡한 뭔가가 있다. 감춰진 중간 부분을 드러낸다. 날지 못하는 중간 감정이 있었는데, 중심을 묻어주니 봉황이 된다.

꿈 분석 사례 4(2018년 6월 4일)
이불 위에 여러 가지 많은 벌레, 곤충들! 그 위에 패드가 깔려 있었다. 나는 벌레, 곤충들을 깨끗이 치워야 한다 하고 남편은 괜찮다고 실랑이를 했던 꿈 장면이다.

벌레, 곤충 상징은 감정생명이다. 덮어 놓았던 정신의 썪었던 감정이 나오니 신나고 치유성이 크다. 새가 되어 난다. 철조망을 뚫고 올라 온 감정들, 이 자체로 좋다.

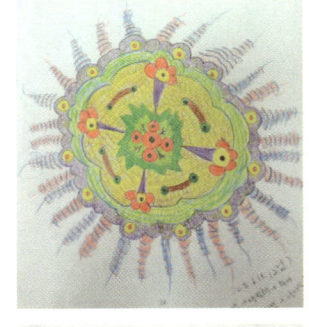

꿈 분석 사례 5(2018년 6월 11일)
검은 점(먹물 점) 떨어져 나가는(모양은 전혀 흐트러지지 않으면서 탱글탱글 한 모양) 꿈이었다. 먹물점이 동그라미 안에서 떨어져 빠져나오는데 모양은 그냥 그대로였다.
이런 꿈은 신기하고 생전 처음 꾸어 보는 꿈이었다.

"핵이네~"
핵을 발견한 꿈!

꿈 분석 사례 6(2018년 11월)

아침에 아른아른 보여 지며 떠올랐던 문양
처음으로 이런 문양이 떠올랐기에 A4용지에 그렸었다.
〈반드시 워크북에 작업을 해야 한다는 것을 나중에 알게 됨〉

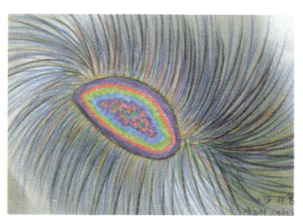

무의식의 먹물을 묻히니 들뜬 감이 없이 괜찮다. 워크북은 가장 깊이 들어갈 수 있는 가장 안전한, 아무리 깊이 들어가도 안전하게 모든 걸 풀 수 있다. 워크북에 작업해야 현실 안에서도 깊이 들어갈 수 있다. 그래야 뜬구름 잡지 않게 된다.

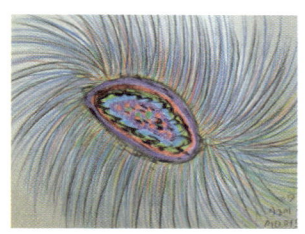

꿈 분석 사례 7(2018년 11월 11일)

아이섀도우 연분홍색 '참 예쁘다'라고 생각했던 꿈 장면

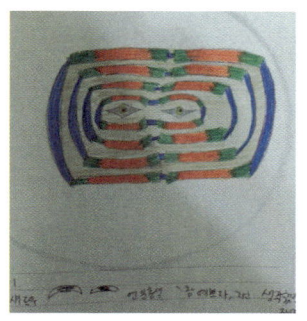

어디에서도 보지 못했던 것, 창조 작품이다.
중심을 잡아라, 무의식에 더 깊이 들어가라~
렌즈, 대형 눈, 깊이 보는 눈, 천체망원경처럼 수천 겹의 렌즈~
우주천체처럼 철저하게 깊이보라. 2개의 대형 천체망원경 같은 눈을 굴려야 한다.

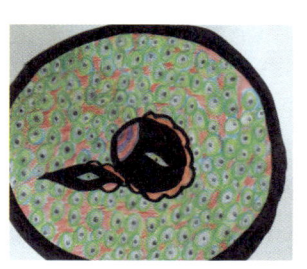

꿈을 표현하고 적기

_____

_____

_____

꿈을 표현하고 적기

김영옥만다라 '리더' 꿈 분석 실제

발행일		2020년 1월 19일
발행인		김영옥
지은이		김영옥
연구 . 기획		(사) 만다라미술심리연구원
펴낸곳		마그마숲
주소		서울특별시 종로구 자하문로 236 마그마숲 1, 2, 3, 4층
전화		T. 02-379-1706 / F. 02-736-1706
이메일		magmasup@naver.com
홈페이지		마그마숲 www.magmasup.co.kr
ISBN		979-11-6332-221-4
정가		35,000원

※ 이 책을 무단 전재 또는 복제 행위 시 저작권법에 따라 처벌 받게 됩니다.

이 도서의 국립중앙도서관 출판예정도서목록(CIP)은 서지정보유통지원시스템 홈페이지(http://seoji.nl.go.kr)와 국가자료종합목록 구축시스템(http://kolis-net.nl.go.kr)에서 이용하실 수 있습니다. (CIP제어번호 : CIP2020001035)